Sabine Schönbrunn-Otto • Klaus Otto

Das Wir-Gefühl leben

Die Überwindung des täglichen Egoismus

Ein Beziehungsbuch

vianova

Verlag Via Nova

Sabine Schönbrunn-Otto • Klaus Otto

Das Wir-Gefühl leben

Die Überwindung des täglichen Egoismus

Ein Beziehungsbuch

vianova

Verlag Via Nova

1. Auflage 2007
Verlag Via Nova, Alte Landstraße 12, 36100 Petersberg
Telefon: (06 61) 6 29 73
Fax: (06 61) 9 67 95 60
E-Mail: info@verlag-vianova.de
Internet:
www.verlag-vianova.de
www.transpersonal.com

Umschlag: Marketing Design Service GmbH, Hamburg
Satz: typo-service kliem, 97647 Neustädtles
Druck und Verarbeitung: Fuldaer Verlagsanstalt, 36037 Fulda

ISBN 978-3-86616-077-4

Unseren Kindern in Liebe gewidmet –

Barbara, Benedikt, Christian,
Julika und Phil

Inhaltsverzeichnis

Dankeschön

Auf unserem gemeinsamen Weg ins „Wir“ sind wir, Sabine und Klaus, bestrebt, immer weiter und unmittelbarer der inneren Nordrichtung unserer Intuition zu folgen. Mit der Entschlossenheit unseres Zusammenkommens und Zusammengehens spüren wir die Kraft und Energie, die uns den Weg zu einem authentischen Leben weist. Die aus der Liebe entspringenden Gefühle sind die wahren Navigatoren im Leben, unverfälscht lassen sie uns einerseits Freude und Begeisterung, andererseits aber auch Trauer und Schmerz erleben. Sie sind deshalb unverfälscht, weil Ursache und Wirkung der Gefühle in direkten Zusammenhängen stehen und zunehmend nicht mehr von Gefühlen, z. B. der Schuld oder der Angst, überlagert sind.

Das diesem Buch zugrunde liegende Du-Ich-Wir-Kontinuum erschloss sich aus dem gegenseitigen Mitgefühl für uns selbst und dem Mitgefühl für die uns begleitenden Menschen. Damit ist es weniger ein „wissenschaftliches Werk“ als eine Beschreibung von Ursache und Wirkung im ganzheitlichen Kontext. Es ist uns damit selbst ein „geborener“ Wegweiser für unseren eigenen Weg ins „Wir“, was uns mit tiefer Dankbarkeit erfüllt.

Besonders faszinierend war für uns das Studium von „Ein Kurs in Wundern“, was uns tiefe Einsichten in die Zusammenhänge des universellen Seins gewährte. Vorbilder für uns und unsere Arbeit sind Chuck und Lency Spezzano, die gleichfalls von „Ein Kurs in Wundern“ inspiriert sind, deren „Psychology of Vision“ uns zudem eine wertvolle Orientierung gab. Ein Nestor für dynamische Aufstellungen ist Dr. Peter Reiter, der unsere Arbeit mit dynamischen Aufstellungen sehr wesentlich beeinflusst hat. Ihnen gilt unser inniger Dank!

Die Entstehung des Buches selbst könnte gar nicht ohne die „guten Geister“ auskommen, die alle auf ihre Art und Weise bei der Realisierung dieses Projektes mitgeholfen haben. Da sind als Erste diejenigen zu nennen, die eine Rohfassung des Manuskriptes in die Hände bekamen. Sie sollten signalisieren, wie lesbar das Ganze ist. Von ihnen bekamen wir Tipps zur Überarbeitung. Das waren vor allem unsere Kinder, dazu Eva Quotschalla, Ute Berk und Thomas Hennig. Bei der Redigierung halfen entscheidend mit: Christine von der Thüsen, die wertvolle Anregungen für die Lesbarkeit gab, und Markus Quotschalla, der das Ganze in Form brachte. Kreative Hilfe zur äußeren Erscheinung erhielten wir von Birgit Gewiss.

Ihnen und den vielen jetzt Ungenannten, die uns wohlwollende und auch kritische Unterstützung gaben, ihnen allen gilt unser tief empfundener Dank.

Vorwort

Während viele Menschen noch den Wandel vom Industrie- ins Informationszeitalter verarbeiten, sind wir bereits auf dem Weg in eine noch viel größere und umfassendere kollektive Transformation, auf dem Weg ins Bewusstseinszeitalter.

Diese neue Epoche zeichnet sich dadurch aus, dass nicht nur die Bedeutung des Bewusstseins wiederentdeckt und die wesentliche Rolle des Beobachters wie auch des Schöpfers bewusst werden wird, sondern dass hier wesentliche Prozesse, Entwicklungen, Lösungen direkt im Bewusstsein gesucht und dort auch bearbeitet werden und nicht nur wie bisher auf der äußeren oder energetischen oder informellen Ebene. Dadurch wird sich ein Quantensprung in der Entwicklung des Bewusstseins vollziehen. Wenn sich aber Bewusstsein weiterentwickelt, so entstehen parallel dazu auch neue und der Entwicklung entsprechende effizientere Methoden der Bewusstseinsforschung und der angewandten Psychologie (der eigentlichen Seelen- und Geisteskunde) und Heilkunst, und eines dieser Verfahren werden Sie hier vorfinden und vorgestellt bekommen.

Diese Medizin, Psychologie, auch Soziologie und Pädagogik sowie ihre angewandten Lehr- wie Heilmethoden werden in der kommenden Zeit folgerichtig dem Bewusstsein und dem Geist des Menschen viel mehr Bedeutung zumessen und sich dadurch drastisch verändern, so wie die früher negierte Rolle des Beobachters und sein jetzt bewiesener Einfluss bereits die moderne Physik revolutioniert haben.

Daher wird zukünftig – beispielsweise in der Medizin und Psychologie – nicht mehr so sehr der äußere Körper oder das äußere Verhalten betrachtet und behandelt werden, nicht einmal mehr die Energiesysteme des Menschen (denn die Energie folgt lediglich den Gedanken), sondern es wird vielmehr untersucht werden, wo und wann die jeweilige Krankheit im Bewusstsein entstanden ist, welchem Zweck sie dient, welche Informationen und welche Botschaft sie liefert und worin ihr Sinn liegt; oder psychologisch, woher das Verhalten kommt, wie es entstanden ist, was dessen Sinn und Botschaft ist und so weiter. Geht man hier weiter in die Tiefe, kommt es zu einer Verschmelzung von Psychologie, Philosophie, Religion und Mystik, die alle bislang versucht haben, die Tiefen des menschlichen Geistes und Bewusstseins auszuloten und zu verstehen. Inzwischen versuchen viele moderne Verfahren, dieses Wissen auch praktisch auszuwerten und anzuwenden.

Das vorliegende Buch ist ein Vorreiter dieser Entwicklung und basiert nicht nur auf Erkenntnissen moderner Psychologieverfahren wie deren von Dr. Chuck Spezzano oder den von mir propagierten Dynamischen Aufstellungen, sondern auch auf Erkenntnissen der Philosophie und Mystik, wie sie sich als roter Faden – als die sogenannte „philosophia perennis" – durch die Menschheitsgeschichte zieht, also keineswegs neu, sondern uralt ist. Diese in ihren Grundaussagen immer gleichbleibende Geistesströmung ist auch als mystische Philosophie bekannt und zieht sich seit uralten Zeiten, beispielsweise des Hermes Trismegistos über Platon, Pythagoras, die Neuplatoniker, über mittelalterliche Scholastiker, auch die großen deutschen Mystiker wie Meister Eckhart und Jakob Böhme bis hin zu den Idealisten und hier vor allem Hegel. Sie geht stets davon aus, dass der reine Geist oder reines Bewusstsein die Grundlage aller Existenz ist und wir an der Schöpfung als Geist vom Geist, als Abbilder oder Kinder Gottes, als Geistwesen und nicht nur als Objekte teilhaben und dass wir als solche Beobachter und Mitschöpfer, also als Geistseele oder geistige Wesen unsterblich sind. Ähnlich äußerten sich nicht nur die Mystiker aller Zeiten, sondern auch das dem vorliegenden Buch mit zugrunde liegende Werk „Ein Kurs in Wundern", welches auch als Erklärungsmodell und theoretische Grundlage vieler Prozesse und geistiger Heilverfahren in der Psychologierichtung Dr. Chuck Spezzanos, der „Psychology of Vision POV", dient.

Das Buch – Das „Wir-Gefühl" leben – sucht nun diese neuen Erkenntnisse vor allem für das Gebiet der menschlichen Beziehungen nutzbar zu machen und ist somit keineswegs ein theoretisches Grundlagenwerk, sondern ganz für den praktischen Gebrauch und die konkrete Anwendung gedacht. Basierend auf der Annahme, dass wir uns im kommenden Zeitalter nicht nur wie im Informationszeitalter vernetzen, sondern darüber hinaus Gruppenbewusstsein entwickeln werden, zeigt es direkte Wege auf, wie Menschen der bisherigen Vereinsamung, Isolierung, Abkapselung, Distanz, Egozentriertheit und mangelnden Nähe entkommen und wieder Gemeinsamkeit, Gemeinsinn und Gemeinschaft entwickeln können – dies aber im Gegensatz zu kollektiven Versuchen der Vergangenheit in Freiheit und unter Beibehaltung der menschlichen Kreativität und Individualität. Hegel würde dieses Zeitalter des „Wir" in seiner Vorstellung von der Entwicklung des Geistes das Zeitalter der Vernunft nennen, wo alles unglückliche Selbstbewusstsein wieder in einer höheren Ganzheit zusammenfindet, alles wieder Sinn macht und sinnvoll miteinander vernetzt und verbunden ist. Damit wäre der Krebs der heutigen Zeit überwunden. Vor allem geht es bei menschlichen Beziehungen darum, den bisherigen großen Fallen von Abhängigkeit und Unabhängigkeit (gemeint ist Isolierung und „alles selbst machen", also nur Widerstand gegen Abhängigkeiten) zu entkommen und zur freiheitlichen Interdependenz zu gelangen, was auch zu Recht *Partnerschaft* genannt werden kann.

Diese Partnerschaft ist sowohl in der Wirtschaft dringend nötig, um den ruinösen Wettbewerb und seine Folgen wie Arbeitslosigkeit, „Ausgebranntsein", Konsumdruck und Wachstumswahn aufzuheben, wie auch vor allem in menschlichen Beziehungen und Freundschaften. Erst wenn dieser Zustand erreicht wird, wird es Win-win-Situationen für alle Beteiligten geben, auch wirkliche Freiheit, Geben statt Nehmen, Austausch statt Ausplünderung, Freundschaft statt Versklavung oder Lohnabhängigkeit. Statt jeder gegen jeden und Gott gegen alle, wie man unser Zeitalter des egoistischen Bewusstseins nennen könnte, kann es hier zur Kooperation statt Konkurrenz kommen, zu einem „Wir" anstatt „Ich" oder „Du", und daher ist der Titel dieses Buches sehr schön gewählt, denn er ist zugleich das Paradigma des neuen Bewusstseinszeitalters. Daher wünsche ich diesem Pionierwerk von Klaus Otto und seiner Frau Sabine Schönbrunn-Otto von Herzen alles Gute und eine breite Leserschaft und dieser zugleich viel praktischen Nutzen daraus sowohl für private Beziehungen eines jeden wie auch für den

Beruf oder die Berufung. Mögen wir aus der Vereinzelung diese Wege vom „Du“ bzw. „Ich“ ins „Wir“ finden und gehen und dabei auch viel mehr Spaß und Freude miteinander haben.

Dr. Peter Reiter M.A.

Dr. Peter Reiter M.A.
Autor der Bücher: „Dynamische Aufstellungen“, „Dein Seelenhaus“ und anderer Werke, ebenfalls erschienen im Verlag Via Nova
(siehe www.peterreiter.com)

Einleitung

Das „Wir-Gefühl" leben, „Wir" statt „Ich" und „Du" – auf dem Weg zur universellen Liebe (in Beziehungen und Partnerschaft). Zu dieser unserer Vision haben wir das folgende Buch geschrieben. Wir möchten Ihnen mit diesem Buch Instrumente an die Hand geben, die es Ihnen ermöglichen sollen, bewusst Ihren Weg ins „Wir" zu gehen. Dabei orientieren wir uns an den Stadien, die alle Menschen durchlaufen und die wir als Du-Ich-Wir-Kontinuum beschrieben haben. Dabei steht das „Du" für die Zeit, als wir Kinder waren, in der wir von Eltern bzw. elterlichen Bezugspersonen „abhängig" waren.

„Du" steht somit für *Abhängigkeit.*

Das „Ich" steht für die Phasen unserer Kindheit, als wir nach unserer Autonomie strebten und unabhängig werden wollten. Das waren Phasen im „Du", auch bekannt als Trotzphasen, die ihren Höhepunkt in der Pubertät fanden.

„Ich" steht somit für *Unabhängigkeit.*

Das „Wir" steht für das *gelungene* Durchlaufen der „Du"- und „Ich"-Stadien. Danach vernetzen wir uns als Personen, erfahren uns gleichzeitig als autonom und gesellschaftlich integriert.

„Wir" steht somit für *Vernetzung*.

Der erste Teil – Grundlagen für die Schritte ins „Wir" – vermittelt die Zusammenhänge, die uns die Dimensionen der Stadien des Du-Ich-Wir-Kontinuums verstehen lassen. Hierbei geht es im Wesentlichen um das Verstehen der Ganzheitlichkeit unseres Seins. Körper, Seele und Geist bilden eine Einheit. Dabei steht der Geist, zu dem uns die Intuition den Weg weist, für die unvergängliche Komponente.

Der zweite Teil – Ich weiß mich zu verstehen, ich kann mir helfen – beinhaltet konkrete Fälle aus der psychotherapeutischen Praxis.

„Ich weiß mich zu verstehen“ erklärt Zusammenhänge, wie sich Verletzungen in der Kindheit im Erwachsensein auswirken können.

„Ich kann mir helfen“ bietet Ihnen Hilfestellungen zur ganzheitlichen Heilung solcher Verletzungen an.

Sich den Verletzungen, vor allem den schmerzlichen Gefühlen zu stellen, ist die Voraussetzung für den Weg ins „Wir“.

Der dritte Teil – Wege ins „Wir“ – zeigt konkret Wege auf, wie Sie in Ihrem Leben durch Anleitungen, Übungen, Fantasiereisen zur Entfaltung *IHRER* Bestimmung gelangen und pro-aktiv anstatt re-aktiv *IHREN* Weg ins „Wir“ gehen können.

Den Weg zum „Wir“ beschreiten alle Menschen. Wie wir im Einzelnen noch sehen werden, durchlaufen wir auf dem Weg dahin die Stadien des „Du“ und des „Ich“. Damit vereinigen wir als Erwachsene, allerdings in unterschiedlichen Ausprägungen, Anteile der verschiedenen Stadien in uns. Solange die Anteile des „Du“ bzw. des „Ich“ anteilig größer sind als die des „Wir“, bleiben uns noch Aufgaben, resultierend aus kindlichen Verletzungen, zu lösen.

„Wir“ statt „Ich“ und „Du“ – auf dem Weg zur universellen Liebe (in Beziehungen und Partnerschaft) werden wir gehen, wenn wir bedingungslos zulassen können, uns der Intuition anzuvertrauen. Die Intuition ist Führer und Lenker in unserem Leben. Aus der Intuition entspringen unsere Gefühle, die Navigatoren in unserem Leben sind. Zu orten ist die Intuition im Solarplexus, vier Finger über dem Bauchnabel. Die Intuition, auch als Bauchgefühl bezeichnet, äußert sich gleichsam über eine innere Stimme, die Sie sich mit Übungen (siehe Teil 3) erschließen können. Menschen, die das „Wir“ erreicht haben, leben ganz nach ihrer Intuition. Die Intuition entspricht sozusagen der Nordrichtung in unserem Leben. Sie zeigt wie eine Kompassnadel in einem inneren Kompass an, wohin wir Menschen uns zur Entfaltung unserer Bestimmung zu orientieren haben. Leben nach der Intuition bedeutet, mit den Energien des Kosmos verbunden zu sein. Wir orientieren uns dann ganzheitlich, das heißt, eingebunden in das allumfassende System unseres Universums, das uns sicher und ohne Irrtum führt.

Haben wir Eltern, die das „Wir“ erreicht haben, wachsen wir in liebevoller elterlicher Haltung auf und werden in dem Maße gefordert und gefördert, wie es unserer jeweiligen kindlichen Lebensphase entspricht. Eltern im „Wir“ praktizieren aus sich heraus die partnerschaftliche Erziehung. Sie halten Augenhöhe mit uns als Kindern, orientieren sich an unserem jeweiligen Entwicklungsstand und den daraus sich ergebenden Bedürfnissen. Durchlaufen wir auf diese Weise die Entwicklungsstadien des „Du“ der Abhängigkeit und des „Ich“ der Unabhängigkeit ohne besondere kindliche Verletzungen, erreichen auch wir nach Beendigung der Pubertät gesund das „Wir“-Stadium.

Haben wir Eltern, die noch auf dem Weg ins „Wir“ sind, erhalten wir als Kinder Aufgaben, die wir vor dem Erreichen des „Wir“ zu lösen haben. Das heißt, erst in dem Maße, wie wir die individuellen Aufgabenstellungen bewältigen, können wir auch die Schritte zum „Wir“ vollziehen. Nicht im „Wir“ zu sein bedeutet gleichzeitig ganz oder teilweise einen anderen Weg als den der Intuition zu beschreiten. Damit sind wir auf dem Weg zum „Wir“, gleichzeitig auf dem Weg, uns wieder ganz der Intuition zu öffnen. Mit anderen Worten: Haben wir Eltern, die selbst nicht den Weg der Intuition gehen, verfolgen sie einen anderen, von ihrem Verstand her bestimmten Weg, sie gehen dann einen Weg in einem anderen Koordinatensystem als dem der Intuition.

Haben wir Eltern, die *nicht* im „Wir“ leben und erziehen, müssen wir, wie sie, den eigenen Weg dorthin gehen. Die dabei von uns zu lösenden Aufgaben sind Folgen von Verletzungen, die uns in der Kindheit durch unsere Eltern zugefügt wurden. Insofern wurden wir in solchen Fällen zu Opfern. Wir wurden allerdings zu Opfern von Opfern. Alles, was wir als Kinder erfahren haben, geschah durch Personen, die sich auch nicht ihrem Schicksal entziehen konnten. Unsere Eltern handelten entsprechend den Verletzungen des ihnen in ihrer Kindheit aufgezwungenen anderen Koordinatensystems. Sie konnten auch nichts anderes übernehmen als das Stadium, in dem sich ihre Eltern befanden. Und so setzt sich von Generation zu Generation das Lösen der Aufgaben fort. Indem wir uns nun den Aufgaben stellen und Zugang zu unserer Intuition bekommen, können wir das „Wir“ erreichen, nach dem sich unsere Vorfahren (bewusst/unbewusst) gesehnt haben, wohin sie jedoch aufgrund ihrer eigenen inneren Begrenztheit nicht gelangen konnten.

Die Gefühle sind die Navigatoren in unserem Leben und entspringen der Intuition. Somit weist das Bewusstwerden unserer Gefühle den Weg zur Intuition. Was uns möglicherweise erschreckt und uns daran hindert, uns unserer Gefühle bewusst zu werden, ist die Tatsache, dass aus Verletzungen Gefühle wie Wut, Hass und Rache entspringen, die wir nicht wahrhaben wollen und deshalb lieber verdrängen bzw. verdrängt halten.

Werden wir uns der unschuldig erlittenen Verletzungen bewusst, können wir oft gar nicht fassen, dass wir so etwas durch unsere Eltern erfahren mussten, dass es uns zunächst mal fassungslos und hilflos macht. Vergegenwärtigen wir uns, dass wir zu Opfern unserer Eltern wurden, dass wir für deren willkürliches Abreagieren ihrer negativen Seiten herhalten mussten, dann drängt es uns auszurufen: „Das vergesse ich euch nie." Hier liegt der Schlüssel für die Lösung der Aufgabe und die Befähigung für ein Weiterschreiten auf dem Weg zum „Wir".

- Wenn wir uns statt als Opfer als Glied in einer Kette sehen können, das Verletzungen als Aufgaben zu lösen habt, und
- wenn wir einsehen können, dass Eltern aufgrund ihres erreichten Stadiums nicht anders handeln konnten,

dann haben wir die Chance, einen anderen Weg als den unserer Eltern und Vorfahren einzuschlagen.

Die Lösung liegt darin, dass wir bei unseren Eltern die Verantwortung für die uns zugeführten Verletzungen und Schmerzen belassen. Wovon wir unsere Eltern freizusprechen und was wir ihnen zu verzeihen haben, ist die Zwangsläufigkeit ihrer Handlungen. Unsere Eltern waren uns gegenüber Täter als Reaktion auf die selbst erlittenen Verletzungen. Sie selbst waren Opfer. Ihnen war es allerdings offenbar nicht vergönnt, die in ihrer Kindheit erlittenen Verletzungen als Aufgaben zu sehen. Stattdessen lebten sie ihr inneres Gefängnis von verdrängten Schmerzen und Traumen aus, verletzten sich und uns damit, mit der

Folge, dass uns diese Verletzungen aus der Verdrängung noch heute zu schaffen machen.

Wenn wir nicht verzeihen und damit den Schmerz der Verletzung nicht loslassen können und weiterhin unsere Eltern für das uns zugefügte Leiden anklagen, weigern wir uns, Verantwortung für unser Leben zu übernehmen. Mit anderen Worten: Schmerzhafte Verletzungen, die uns angetan wurden und wofür die Eltern die Verantwortung tragen, generalisieren wir dann z. B. mit den Worten: Ihr tragt die Verantwortung für mein ganzes (kaputtes) Leben. Halten wir daran fest, dass Eltern für unser Leben verantwortlich sind, machen wir uns weiterhin von ihnen abhängig. Wir halten an dem infantilen Muster von erlittenem Schmerz und unsäglicher Trauer fest. Wir lösen uns nicht und erkennen nicht, wie wir darüber an der Bestimmung des eigenen Lebens vorbeileben. Wir verkennen, dass wir dazu da sind, unsere Bestimmung, unsere Vision zu leben, dass wir alles, was wir in der Kindheit an Verletzungen erfahren haben, als Heranwachsende und Erwachsene als Aufgaben zu lösen haben. Halten wir fest: Wenn wir unseren Eltern die Zwangsläufigkeit ihres Handelns nicht verzeihen, dann wird auch unser Kanal zur Intuition blockiert bleiben. Lassen wir nicht los und leben das uns aufgezwungene andere Koordinatensystem weiter, dann wird die Schicksalsmühle eine weitere Umdrehung ohne Veränderung machen, so dass wir zwangsläufig auch unseren Kindern Verletzungen zufügen, indem wir uns als nicht geheilte Opfer unserer Eltern an ihnen abreagieren.

Die Annahme unseres Seins im Hier und Jetzt ist die Voraussetzung für ein erfülltes Leben. Diese Annahme beinhaltet gleichzeitig die Bewusstwerdung der Aufgaben, die wir noch zu lösen haben, und macht den Blick frei für das Kommende. So gesehen, gibt es in unserem Leben nie Phasen, egal, wie kurz oder lang wir sie selbst auch einschätzen, die sinnlos oder gar schädlich gewesen wären. Schauen wir heute zurück und bedauern, Dinge nicht so oder so gemacht zu haben, dann verkennen wir, dass unsere Aufgaben genau so waren, wie wir sie gelöst haben oder bisher nicht lösen konnten. Unsere Einsichten heute sind der Wegweiser für die Veränderungen in unserem Leben und mit ihrer Bewusstwerdung sollten wir unseren weiteren Weg beschreiten.

Denn die Vergangenheit ist vorbei und nur in der Gegenwart liegt das Potenzial für Veränderung zu mehr Erfüllung und Authentizität.

Somit gilt es, den eigenen Weg ins „Wir“ bewusst mit dem ersten Schritt zu beginnen. Das Buch hilft Ihnen mit einfachen Anleitungen, den Weg bis zum Erreichen zu gehen. Was letztlich zum Erfolg führt, sind jedoch *Ihre* Nachhaltigkeit und *Ihr* Durchhaltevermögen. Die Herausforderungen stellen sich im Alltagsleben, wenn sich wieder das Gefühl einschleicht: Ist das eigentlich richtig und ist es überhaupt wichtig, was ich jetzt hier mache?

Wir können diese Phasen aufkommender Unsicherheit für die Beibehaltung des einmal eingeschlagenen Weges sehr gut nachvollziehen. Geholfen hat uns selbst stets, wenn wir uns in solchen Situationen unserer Vision bewusst wurden, dass also nicht die augenblicklich gespürte Erschöpfung, die Ängste, die Selbstzweifel zu Richtschnüren unseres Handelns wurden, sondern wir uns an dem orientierten, von dem wir das Gespür hatten, dass es uns von Grund auf ausmacht.

Visualisieren Sie in solchen Augenblicken einen Berg, sonnenbeschienen, schauen Sie nach oben und erkennen den Gipfel. Sich selbst sehen Sie zünftig in Bergsteigerkluft, realisierend, dass Sie in der Lage und auch willens sind, Ihr Ziel zu erreichen. Atmen Sie tief durch, schauen Sie zum Gipfel und lassen sich von dem Gefühl durchdringen, dort oben angekommen zu sein. Auf Dauer werden Sie bei Ihren Visualisierungen feststellen, dass Sie dem Gipfel sichtbar wieder ein Stück näher gekommen sind.

In dem Sinne wünschen wir Ihnen viel Freude beim Lesen und Ausprobieren, zudem Ausdauer und Durchhaltevermögen, auch wenn es mal schwerfallen sollte.

Zu Ihrer Orientierung haben wir Beispiele dunkel unterlegt, Zitate, Hervorstellungen und Übungen *kursiv* dargestellt.
Ausschließlich für ein flüssigeres Lesen haben wir durchgängig die männliche Form verwendet.

Grundlagen für die Schritte ins „Wir“

Kompendium des „Wir“

Die Wege ins „Wir“ erschließen sich uns dann, wenn wir den Blick ausweiten, also nicht nur auf uns schauen als im eigenen Schicksal Verhaftete, sondern willens sind, Zusammenhänge wahrzunehmen und zu verstehen. Dazu gehören:

Ganzheitlichkeit

„Körper, Seele und Geist bilden eine Einheit.“ Auch von sehr rational eingestellten Menschen wird dieser Ansatz grundsätzlich geteilt. So, wie wir leben, was unsere Einstellungen sind, was unser Denken und Handeln ausmacht, wirkt sich immer ganzheitlich und vernetzt auf unser Körper-Seele-Geist-System aus. In diesem System bildet der Körper die erste Stufe der Hierarchie, danach folgt die Seele und danach der Geist. Akzeptieren wir diesen Ansatz, dann dürfte uns der nächste Schritt, die Loslösung von der Mensch- bzw. Körperzentrierung, nicht schwerfallen. Statt unseren Körper als das Ranghöchste zu sehen, gilt es, dem Geist diese Bedeutung einzuräumen. Damit wird uns die Sichtweise eröffnet, das *Geist-Seele-Körper-System* in einen ganzheitlichen – universellen – Gesamtzusammenhang zu stellen.

Zur Verdeutlichung folgendes Beispiel: Ein Klient litt unter Depressionen (Seele) und kam zu einer Behandlung in die Praxis. Er war stark übergewichtig (Körper) und litt zudem unter Magengeschwüren (Körper), die er mit entsprechenden Medikamenten (Körper) behandelte. Diese Medikamente sorgten vorübergehend für

Schmerzlinderung (Körper), ohne die Geschwüre zu beseitigen. Zudem litt er unter ständigem Aufstoßen (Körper), was zur Freisetzung von Magensäure (Körper) im Mundraum führte. Auch dagegen nahm er entsprechende Medikamente, was letztlich aber auch nicht richtig zum Erfolg führte. Alles Kurieren an den körperlichen Symptomen ohne erkennbare Heilung deprimierte ihn sehr, zumal er spürte, dass er zunehmend vor allem den beruflichen Anforderungen nicht mehr gewachsen war. Als Ausgleich tröstete er sich mit übermäßigem Essen und abendlichem Alkoholkonsum.

Antreiber (Geist) in seinem Kopf waren: „Ich muss funktionieren.“, „Das, was ich anfange, muss ich auch zu Ende bringen.“

Zur Behandlung der Depression wandten wir uns den Antreibern (Geist) zu. Sein Perfektionismus ließ ihn weder rasten noch ruhen, bis er die Sachen, die er – beruflich – zu erledigen hatte, mit dem Anspruch bester Qualität zu Ende gebracht hatte. Dazu arbeitete er in der Woche länger und erschien zeitweise auch samstags in der Firma.

Zunächst arbeitete er am „Loslassen“ seiner Antreiber. Er erstellte einen Monats-/Wochen-/Tages-Zeitplan, in dem er sich mit der Befriedigung seiner Bedürfnisse wiederfand. Er sortierte seine Aktivitäten, so dass es ihm gelang, diese durch Vorausschau und Planung so weit wie möglich nach wichtig, aber nicht dringend zu priorisieren. Seine Antreiber verloren so auf Dauer ihren negativen Einfluss, da sie sich nun auch auf die Bereiche erstreckten, in denen er für sich sorgte. Seit langer Zeit konnte er auch wieder so was wie Glück (Seele) verspüren, er konnte seit langer Zeit mal wieder „durchatmen“ (Seele und Körper). Als Erstes regulierte sich sein Alkoholkonsum (Körper) und auch sein Essverhalten (Körper) normalisierte sich.

Durch das Gewinnen einer neuen Einstellung (Geist) gesundeten seine Seele (Zufriedenheit statt Depression) und sein Körper (Fitness statt Magengeschwüre).

Unser *Geist*, den wir wahrnehmen, der mit uns z. B. in einem inneren Dialog kommuniziert, ist in erster Linie unser Verstand. Verstand im wahrsten Sinne des Wortes, denn unser Verstand kann nur das reflektieren, was er „verstand". Der Verstand drückt sich also aus über gesammelte Erfahrungen, über Analyse, Synthese, Logik, rationale Einsichten usw. Damit ist der Verstand ein Teil unseres Körpers, der wie dieser wächst, sich entfaltet und altert, anders als bei der Intuition, über die wir mit der Ganzheit unseres Seins verbunden sind.

Da diese Ganzheit alle Systeme des Seins organisch enthält, können wir schlussfolgern, dass alles miteinander verbunden ist. Diese Ganzheit entspricht dem universellen Geist, der alles nach ewigen und unendlichen Maßgaben organisiert und durchführt. Lassen wir uns einmal etwas so Selbstverständliches bewusst werden wie die Tatsache, dass sich die Erde um ihre eigene Achse dreht, und zwar mit gemessenen Abweichungen in 24 Stunden. Das geschieht im Gegensatz zu menschlichen Abläufen ohne starke Rhythmusstörungen. Die Erde dreht sich auf einer Ellipse innerhalb eines Jahres um die Sonne und wird es immer weiter tun und uns dabei mit äußerster Präzision die Jahreszeiten bescheren, also Frühling, Sommer, Herbst und Winter (und nicht zur Abwechslung mal eine andere Reihenfolge). Dennoch lehrt uns die Wissenschaft, dass die Sonne in ihrer jetzigen Form einmal in sich zusammenfallen wird. So wird eines fernen Tages auch alles organische Leben im Sonnensystem vergehen. Die Dimensionen dieser Vorgänge, der Kontinuität des Vergehens, ist für den menschlichen Verstand nicht fassbar. Der universelle Geist hingegen ist allumfassend, beinhaltet alle Dimensionen des Universums, vereint in sich gleichzeitig Vergangenheit, Gegenwart und Zukunft.

Der universelle Geist ist um und in uns. Über den Kanal der Intuition erschließen wir uns den Zugang. So gesehen, können wir loslassen, mit unserem Verstand alles wissen und kontrollieren zu wollen. Was wir rational erfassen können, sind kleinste Bruchstücke des Seins und, aus dem Gesamtzusammenhang gerissen, vermitteln sie uns auch nur partielle Einsichten. Vertrauen wir stattdessen dem universellen Geist, legen wir Energien der Selbstentfaltung und Selbstverwirklichung frei. Statt zweifelnd unsere Energien in die Sicherung unserer Gegenwart zu investieren, können wir optimistisch unsere Vision verwirklichen und unsere Zukunft bauen.

Der Verstand liefert uns nur begrenzte Einsichten. Wird er als Stimme in uns hörbar, vermittelt er uns keine Zuversicht, sondern nur Skepsis und Zweifel. Dem Verstand fehlen letztlich die höheren Einsichten, er versucht uns „auf Sicht" durch unser Leben zu geleiten. Blaise Pascal erkannte in seinem Werk „Logik des Herzens": „Es muss noch andere Instanzen geben." In seiner Eindimensionalität verhält sich unser Verstand re-aktiv anstatt pro-aktiv. Statt zuversichtlich unsere Vision zu entwickeln, begleitet er unsere Lebensphasen mit sehr viel „Achtung" und „Vorsicht". Die Stimme unseres Verstandes ist häufig die lautere, wenn wir nach innen hören, mit der Folge, dass wir ohne Bewusstsein für die zumeist leise Stimme der Intuition bleiben. Dann sind wir zwangsläufig gezwungen, auf die Stimme des Verstandes zu hören. Wenn wir allerdings damit beginnen, die zumeist leise Stimme der Intuition für uns lauter werden zu lassen, werden wir erkennen, dass diese Stimme die der Kontinuität und unseres gesunden Wachstums ist.

Die *Seele* ist das Gefühlsgesamt unseres Seins. Gefühle entspringen der Intuition und sind die Navigatoren, die uns durch das Leben geleiten. Folgen wir der Stimme unserer Intuition, sind unsere Gefühle in den verschiedenen Lebenssituationen wie Seismographen zur Einschätzung für angemessenes Handeln im Augenblick und für die Zukunft. Spüren wir z. B. ein Gefühl von Angst, bezieht sich das nur auf die bestehende oder anstehende Situation und zeigt „Vorsicht" an. Fühlen wir uns in einer Bewährungssituation mit einem Mal freudig stimuliert, erfahren wir intuitive Handlungssicherheit, das Begonnene zu Ende zu bringen.

Folgen wir stattdessen unserem Verstand, entsteht automatisch ein gefühlsmäßiger Mehrklang. Das, was uns die Intuition an Gefühlen vermittelt, steht häufig im Widerspruch zu den Einsichten des Verstandes. Wir fühlen uns dadurch verunsichert und gehen nun auf „Nummer sicher". Aus dieser Verunsicherung entsteht zumeist eine chronische Angst, die uns nun generell davon abhält, Dinge zu tun, die außerhalb unserer Komfortzone liegen. Wir zweifeln an uns und bewahren vorsichtshalber das Alte. Gelingt es uns stattdessen, die Stimme der Intuition zu hören, vertrauen und folgen wir ihr, werden uns die Gefühle in rechtem Maße die Navigatoren sein, die uns mit pro-aktivem Handeln visionsentwickelnd durch unser Leben geleiten.

Beispiel:

Wer kennt die Situation vor Prüfungen nicht? Wir haben uns zum Ablegen einer Prüfung, z. B. in der Schule, der Ausbildung oder im Studium, entsprechend darauf vorbereitet. Doch am Vorabend der Prüfung liegen wir im Bett und unser Verstand souffliert uns: „Hast du auch genug getan?" und uns beschleicht ein Gefühl der Angst. Mit einem Mal haben wir nur „Leere" im Kopf, beschuldigen uns selbst, eigentlich viel zu wenig gelernt zu haben. Je nachdem geraten wir in Panik, gehen am nächsten Tag in die Prüfung und bestehen sie tatsächlich nicht. In einem Kurzschluss werden wir mit unserem Verstand die Erfahrung verinnerlichen, dass wir uns tatsächlich nicht richtig vorbereitet hatten, so dass wir uns bei der nächsten Prüfung wieder demselben Gefühlsszenario ausgesetzt sehen.

Wie anders kann das aussehen, wenn wir uns „normal" auf die Prüfung vorbereiten und uns damit das Gefühl der Sicherheit vermitteln. Am Vorabend der Prüfung werden wir uns dann inhaltlich nicht mehr mit Prüfungsstoff befassen, sondern uns in Gedanken „mental" auf den nächsten Tag einstellen. Wir hören auf die beruhigende leise Stimme der Intuition in uns, die uns vermittelt, dass wir alles Notwendige getan haben, worauf wir uns jetzt verlassen können. Aufkommende Zweifel unseres Verstandes und damit verbundene Angstgefühle nehmen wir wahr, sie entfalten jedoch keine Wirkung. Unser Verstand wird sich automatisch den Gegebenheiten anpassen. Geleitet von der Intuition können wir mithilfe unseres Verstandes in Gedanken den nächsten Tag durchgehen, Situationen und Abläufe, soweit nötig, simulieren, was uns zusätzliche Sicherheit verschafft. Wir sehen also: Vertrauen wir unserer Intuition, entsteht *der* positive Gleichklang von Verstand (Geist) und Gefühl (Seele).

Der Zustand unseres *Körpers* ist abhängig davon, inwieweit wir der Stimme der Intuition folgen und uns von unseren Gefühlen durch das Leben navigieren lassen. Hören und folgen wir der Stimme unserer Intuition, werden wir harmonisch das Notwendige für die Gesundheit unseres Körpers tun. Ähnlich einem Schiff, das über den Ozean fährt und dafür entsprechend präpariert und gepflegt worden ist, werden wir unseren Körper versorgen, dass er uns sicher durch den Ozean des Lebens führt.

Folgen wir jedoch der Stimme des Verstandes, rationalisieren wir unser Denken und Handeln und werden von ihm Vorschläge erhalten, wie wir im Leben ein Wohlgefühl bekommen können. Bedingt durch die begrenzte Einsichtsfähigkeit unseres Verstandes werden das Vorschläge sein, die uns nur vorübergehend ein Hochgefühl bescheren mit auf Dauer eher negativen Folgen. Vorschläge unseres Verstandes bestehen zumeist aus Ersatzhandlungen, die auf lange Sicht den Körper schädigen. So kann z. B. eine Befriedigung, die wir über das Essen suchen, dazu führen, dass wir auf Dauer übergewichtig werden. Oder ein vorübergehendes Wohlgefühl, ausgelöst durch Alkohol, kann uns zum Dauertrinker werden lassen. Auch starkes Rauchen kann dazu führen, dass wir an nichts anderes mehr denken als an die nächste Zigarette.

Folgen wir aber der Stimme der Intuition, leben wir in Kongruenz von Körper, Seele und Geist. Unser Körper strahlt dann Gesundheit und Vitalität aus. Wir werden, bezogen auf unsere jeweilige Lebensphase, ausgewogen das zu uns nehmen und unseren Körper so pflegen, dass er uns, wie ein seetüchtiges Schiff, wohlbehalten über den Ozean des Lebens tragen kann.

Ganzheitlichkeit leben geschieht dann, wenn wir unseren Verstand und den universellen Geist integrieren. Lassen wir uns von der inneren Stimme des universellen Geistes führen und nutzen den Verstand als Planer, Organisator und Kontrolleur für die zu bewältigenden Prozesse, dann leben wir im guten Einklang mit dem universellen Sein.

Intuition
und das andere Koordinatensystem

Intuition und Verstand

Die Intuition, landläufig als Bauchgefühl oder Bauchgehirn bezeichnet, befindet sich physisch im Solarplexus. Es ist ein komplexes Nervengeflecht rund um Magen und Darm. Die Intuition ist ein Kanal zum universellen Geist, der uns aus dem Bauch heraus buchstäblich die richtigen Entscheidungen treffen lässt. Der Solarplexus ist unmittelbar mit dem Schaltzentrum im Gehirn verbunden. Ohne Solarplexus, nur konzentriert auf unser Gehirn, würden wir nach der Prämisse leben: Ich tue, was ich will, ausgehend von der Descartes'schen Erkenntnis: Ich denke, also bin ich. Die Intuitionsforschung hat festgestellt, dass es richtig heißen müsste: Ich will, was ich tue. Anders als in der vorherigen Prämisse ist nunmehr das Wollen dem Tun nachzuordnen. In einer Untersuchungsreihe der Hirnforschung stellten Wissenschaftler fest, dass bei Menschen, die sich für etwas Bestimmtes entscheiden sollten, der entsprechende Hirnsektor bereits vor dem eigentlichen Entscheidungsvorgang aktiviert war. Die Wissenschaftler schlussfolgerten, dass im Gehirn bereits eine Prädisposition für die dann faktisch vorgenommene Entscheidung getroffen worden war.

Lebewesen, die nicht mit dem menschlichen Einsichtsvermögen ausgestattet sind, liefern zusätzliche Beispiele für das Sich-führen-Lassen gemäß der Intuition. So fliegen Wildgänse im Schwarm von Nord nach Süd, z. B. von einem bestimmten Nistplatz in ihrer schwedischen Heimat zu einem angestammten Lagerplatz im afrikanischen Togo. Sie überlassen sich einfach dem inneren Kompass, der sie sicher vom Nistplatz Nord zum Lagerplatz Süd und wieder zurück führt. Bei Brieftauben ist das Phänomen gleichsam beobachtbar. An jedem beliebigen

Platz ausgesetzt, fliegt die Taube wieder zurück in ihren Schlag, sicher, ohne sich zu verfliegen.

Die Intuition lässt sich gut mit einer Kompassnadel vergleichen, die stets nach Norden zeigt. Norden in diesem Zusammenhang ist der allumfassende universelle Geist, der uns überall und immer führt. Orientieren wir uns gemäß der „Nordrichtung", folgen wir unserem Bauchgefühl, gehen wir immer richtig. Die Bestimmung unseres Seins wird durch die jedem Menschen eigene Vision sichtbar. Folgen wir der Intuition und entwickeln pro-aktiv unsere Vision, leben wir unser Leben in Selbstverwirklichung und Authentizität. Wir ordnen dann den Verstand der Intuition unter, wir nutzen ihn dann bewusst als Organisator und Feedbackgeber. Zur intuitiven Führung, der wir uns anvertrauen, sind wir zudem auch in der Lage, uns intellektuell zum Ausdruck zu bringen. Unser Verstand, als Ressource unserer Erfahrungen und unseres Lernens, ermöglicht es uns, gesellschaftliche Rollen zu übernehmen. Wir betätigen uns z. B. in Vereinen, der Politik, nehmen berufliche Funktionen wahr, entwickeln uns ganzheitlich authentisch gemäß unserer Vision.

Ordnen wir die Intuition dem Verstand unter, begrenzen wir uns – statt Emotion regiert die Ratio. Unter diesen Umständen mögen wir auch gesellschaftlich relevante Rollen übernehmen, dazu auch einen positiven Ruf und je nachdem auch großes Ansehen genießen, wir erringen aber keine richtige Befriedigung dabei. Die richtige Befriedigung erhalten wir nur dann, wenn wir uns ganzheitlich verwirklichen, unserer Intuition folgen und unserer Bestimmung gemäß leben. Diese Erfolge erfüllen uns und bringen uns in Einklang mit uns selbst. Leben wir in erster Linie nach unserem Verstand, leben wir nach den Gesichtspunkten: Kosten/Nutzen, Vorteile/Nachteile, Gewinnen/Verlieren. Das, was wir tun, so unser Impuls, muss uns irgendetwas bringen. Am Beispiel Liebe mag das so aussehen: Wir haben das Bestreben, Liebe zu erhalten und zu fühlen. Anstatt intuitiv aus dem Bauch das Geben und Nehmen von Liebe gewähren zu lassen, verfolgen wir dabei immer eine Absicht (z. B. den besonderen Kick zu erleben). Partner werden so zu Liebesobjekten, die im Grunde nur dazu dienen, uns die beabsichtigte Befriedigung zu verschaffen. Anstatt Liebesbeziehungen leben wir auf diese Weise sexuelle Beziehungen, die uns jedoch nie richtig befriedigen können und bei denen wir immer wieder das Gefühl haben, sie immer mehr übertreffen zu müssen. Im Gegensatz zur Liebe, bei der wir unserer Intuition folgen und unsere Beziehungen nach ganzheitlichen Gesichtspunkten leben, suchen wir vom Verstand her die Objekte für die körperliche Befriedigung, so sucht z. B. Alt nach Jung, Seitensprünge geschehen aus Langeweile, und nicht zuletzt gehört hier das ganze Feld der Pornografie dazu.

Da die Gefühle immer der Intuition entspringen, kommt es zu Gefühlsverwirrungen, wenn wir den Verstand zu unserem Führer erhoben haben. Unsere Erwartung für all unser Handeln ist immer, Befriedigung zu erlangen, verbunden mit Gefühlen von Freude und Glück. Freude und Glück erleben wir unter der Verstandesführung aber entweder als zu kurz oder zu wenig ausgeprägt. Auf jeden Fall nicht so, wie wir es erwartet haben – kurz, wir sind ständig frustriert. Doch statt nun den Weg zur Intuition und damit zu unseren wahren Gefühlen zurückzufinden, übernimmt der Verstand nun konsequent auch das weitere Kommando, nach dem Motto: Was nicht sein kann, darf nicht sein. So gelangen wir zu Alltagsroutinen, die uns wider besseres Wissen auf Dauer schädigen können.

Eine Klientin berichtete, dass sie nachts „querbeet" im Internet surfe und viel zu spät zum Schlafen komme. Was zu Beginn Käufe/Verkäufe für sich und Freundinnen bei E-Bay waren und ihr viel Freude bereitete, artete nachher in schlafraubende Internetsitzungen aus. Obwohl sie sich jeden Morgen vornahm, am Abend nicht oder nur bis zu einer bestimmten Uhrzeit im Internet zu sein, gelang es ihr so gut wie nie, ihre Vorgaben einzuhalten. Sie beschrieb, dass sie innerlich wie getrieben war, weiter zu surfen. Eine innere Stimme wies sie förmlich an, nur noch einen Augenblick im Internet zu bleiben, sonst würde sie möglicherweise gerade jetzt einen guten Kontakt verpassen. Infolge der nächtlichen Sitzungen wurde sie immer unkonzentrierter. Bei der Arbeit unterliefen ihr zahlreiche Flüchtigkeitsfehler. Das Verhältnis zu ihren Mitmenschen entwickelte sich immer schwieriger, weil sie zunehmend launischer wurde. Aus dem Unvermögen, aus der nächtlichen Routine herauszukommen, und den damit verbundenen negativen Effekten vermittelte ihr der Verstand, besser kontrolliert zu sein. Das führte dazu, dass sie bestrebt war, ihr eigenes Verhalten und das Verhalten sie umgebender Menschen laufend zu kontrollieren. So gelangte sie in einen Teufelskreis hinein, der sie in einen Zustand der psychisch-physischen Erschöpfung brachte.

Sie bekam ihr Verhalten in den Griff, indem sie die Abende nach ihren Bedürfnissen plante. Weiterhin gelang es ihr durch Übung, die leise Stimme der Intuition zu hören und nur noch die ihr Spaß bringenden Käufe/Verkäufe bei E-Bay durchzuführen. So war sie in der Lage, die Stimme des Verstandes zu identifizieren, die sie nun mit gutem Gefühl ignorieren konnte. Infolgedessen veränderte sich ihre Einstellung und sie konnte das destruktiv wirkende Kontrollverhalten ablegen.

Das Beispiel zeigt, wie Verstandes-Eingebungen zu Routinen führen können, die uns nicht guttun. Damit einhergehende Verunsicherungen versuchen wir dann durch verstärktes kontrolliertes Verhalten in den Griff zu bekommen. Wir beginnen, uns und andere, vor allem unsere Partner und Kinder, misstrauisch zu kontrollieren. Im Grunde entgleitet uns das Vertrauen in uns und unsere Mitmenschen. Das Feedback, das wir aus uns heraus und von unseren Mitmenschen erfahren, führt uns dann in die permanente Unzufriedenheit. Je nach Du/Ich-Stadium, worauf noch eingegangen wird, können Depressionen entstehen, je nachdem verbunden mit Folgen der Selbstzerstörung, ausgedrückt durch Krankheiten wie Krebs, Herzinfarkt oder Diabetes.

Ein weiteres Phänomen, bei dem wir uns unserem Verstand ausliefern, ist die Existenzangst. Existenzangst wurzelt in mangelndem Urvertrauen. Sie begleitet uns von Anfang an, mal mehr, mal weniger bedrohlich. Im Grunde ist sie immer präsent und lässt uns nie ruhen, immer für „Sicherheit“ in unserem Leben zu sorgen. Anlässe wie subjektive Unsicherheit über die weitere Entwicklung, Arbeitsplatzabbau in der Firma, Häufung von (unvorhergesehenen) Zahlungen usw. können dazu führen, dass wir in Existenzangst verfallen und darüber sogar in Panik geraten. Wir denken, nicht mehr existieren zu können. Was wir dann mit einem Mal deutlich hören, ist die Stimme des Verstandes, der uns zu vermitteln versucht: Du schaffst es nicht. Zahlen, Daten, Fakten offenbaren: Wir sind in der Katastrophe und geraten weiter in die Katastrophe. Das sich weiter machtvoll entwickelnde Gefühl der Angst lähmt uns, im Grunde geraten wir nun in einen Teufelskreis der Hoffnungslosigkeit.

Die Existenzangst ist jedoch ein Produkt des Verstandes. Könnten wir in Fällen von Angstattacken unserer Intuition folgen, würden wir handlungsfähig bleiben. Weil wir aber glauben, nicht vertrauen zu können, geraten wir in den Teufelskreis:

Ich vertraue nicht, weil mein Verstand dagegen spricht. Ich höre nur auf meinen Verstand, weil ich nicht vertrauen kann.

Wie anders wäre es für uns, wenn wir uns selbst vertrauten und Vertrauen aufbrächten in die Beständigkeit unseres Seins?

Schließlich gibt es immer Lösungen. Wir befinden uns nie in der Sackgasse, mögen die Probleme augenscheinlich noch so unüberwindbar erscheinen. Denn nur, weil wir glauben, nicht der Intuition folgen zu können, stehen uns auch nicht unsere Gefühle als sichere Navigatoren durch das Leben zur Verfügung, was die Angst letztlich verstärkt.

Gefangen in den Argumenten des Verstandes und gelähmt von der Angst, sind wir uns selbst ausgeliefert. Anstatt an die Quelle zu gehen, von der alles ausgeht, doktern wir an der Angst herum. Doch daraus kann uns nun wirklich keine Hilfe erwachsen.

Bewusstem Leben nach der Intuition hingegen folgt Gesundheit der Seele. Folgen wir den Gefühlen unserer gesunden Seele, vervollkommnen wir unser Sein. Der Seele entspringen Gemüt, Einstellung, Temperament des Individuums. Folgen wir unserer Intuition, schaffen wir Grundlagen für Ausgeglichenheit und für ein Leben in glücklichen Beziehungen, wir vertrauen uns und unseren Partnern.

Naturvölker wie Inuit, Pygmäen, Menschengruppen im brasilianischen Regenwald usw. geben ein beredtes Beispiel für das Sich-führen-Lassen durch die Intuition. Naturforscher haben beschrieben, dass die Menschen der Naturvölker, sofern sie nicht von der Zivilisation infiziert wurden, völlig im Einklang mit der Natur leben. Deren Tagesablauf orientiert sich an der Existenzsicherung durch die tägliche Nahrungsgewinnung im Rhythmus der Jahreszeiten. Diese Menschen müssen auch mit Konjunkturen umgehen. Sie wissen, dass im Schnitt auf sieben magere sieben fette Jahre folgen, und richten sich entsprechend ein. Diese Menschen leben ein „kollektives Wir", verbunden mit der gemeinsamen Vision des täglichen Überlebens. Forscher beschrieben, dass diese Menschen sich bester Gesundheit erfreuen, und wenn doch Krankheit auftritt, dass dann der Medizinmann oder Schamane mit ganzheitlichen Riten die Heilung zu unterstützen weiß. Auf einem Thermometer des Glücks, so stellten die Forscher fest, haben diese Menschen einen sehr hohen Wert. Sie erleben ursprüngliche Freude, Mitgefühl, ein liebevolles Miteinander. Diese Menschen haben Zeit und empfinden nicht, dass die Zeit sie im Griff hat. Und trotz des Überlebenskampfes um das tägliche Essen konnten sie bei ihnen nichts feststellen, was unserem Gefühl der Existenzangst entsprochen hätte. Bei der Tsunami-Katastrophe Ende 2004 lieferten die Naturvölker zudem ein Beispiel, was es heißt, mit der Intuition verbunden zu sein. Während bei der urbanisierten Bevölkerung viele tausend Menschen starben, weil sie von der Katastrophe überrascht wurden, flüchteten die Naturvölker auf den indonesischen Inseln gemeinsam mit den wilden Tieren bereits geraume Zeit vor der Überschwemmung ins Landesinnere und blieben dadurch unversehrt.

Bei Gesellschaften, die nicht nach der Intuition leben, sondern sich hauptsächlich vom Verstand leiten lassen, und das dürfte die große Mehrzahl der Menschen sein, sieht das ziemlich anders aus. Verbundenheit in Liebe, was einem Leben nach der Intuition entsprechen würde, bedeutet bei den Gesellschaften, die sich hauptsächlich an dem

Verstand orientieren, Verbundenheit in Ersatzhandlungen. Auf der Suche nach dem Glück wird enorm viel Geld in Glücksspiel und Lotterien investiert, auf der Suche nach Liebe wird enorm viel Geld in die organisierte Sexualität investiert, auf der Suche nach Lust wird enorm viel Geld in Alkohol, Zigaretten und Drogen investiert usw. Die Folgen sind psychisch-physische Krankheiten, für deren Heilung wiederum enorm viel Geld investiert wird. Und würde man das Thermometer des Glücks einmal in diese Gesellschaften halten, der Wert an wahrgenommenem Glück wäre denkbar niedrig.

Das andere Koordinatensystem

Folgen wir der Nordrichtung unseres inneren Kompasses, gehen wir immer und überall richtig. Wir entwickeln, was in uns als Vision angelegt ist. Jede Abweichung von der Nordrichtung lässt uns in eine andere Richtung gehen und führt uns weg von der Entwicklung des in uns angelegten inneren Selbst. Als Kinder übernahmen wir das Stadium, in dem sich unsere Eltern befanden. Die wiederum hatten von ihren Eltern nichts anderes übernehmen können als das von denen erlangte Stadium. Befanden sich unsere Eltern aufgrund des Stadiums ihrer Eltern nicht im „Wir", haben wir auf jeden Fall ein anderes Koordinatensystem als das der intuitiven Nordrichtung erfahren. Dieses andere Koordinatensystem ist jedenfalls ein System der Beschränkung, Einengung und Kontrolle, da es lediglich auf den Einsichten des Verstandes beruht. Das andere Koordinatensystem entspricht einem System aus Normen, Geboten und Verboten. Vertrauen im anderen Koordinatensystem wächst und sinkt entsprechend gemachter Erfahrungen und gelingt immer nur „auf Sicht". Somit blockieren Kontrolle und negative Erfahrungen im anderen Koordinatensystem die Entwicklung des bedingungslosen Vertrauens.

Vision

Vision zeigt die Bestimmung in unserem Leben auf. In jedem Individuum ist seine einmalige Vision angelegt. Indem wir unsere Vision leben, verwirklichen wir den Anspruch: „Werde, der du bist.“ In unserem Leben gibt es immer wieder Weichen, an denen wir uns zu entscheiden haben, entweder der Intuition zu folgen und damit unsere Vision zu entwickeln oder dem Verstand zu folgen. So kann es zu folgender Weichenstellung kommen: Das „Bauchgefühl“ signalisiert eine Änderung der Berufssituation. Die Intuition offenbart, dass die Zeit gekommen ist für eine Veränderung. Wir ignorieren jedoch das Bauchgefühl, folgen dem Verstand, der uns eindeutig den Unfug der Veränderung aufzeigt: Willst du deine Position in Frage stellen? Rechne mit schlechter Meinung deines Chefs über dich! Mit deinem Gehalt weißt du, was du hast, willst du das aufs Spiel setzen? Schuster, bleib bei deinen Leisten! Wir beugen uns der Stimme des Verstandes und entwickeln uns nicht, wie von unserer Vision vorgesehen. Stattdessen werden wir immer frustrierter, uns geht es schlechter, obwohl es uns doch, vom Verstand her, so gut gehen müsste.

Oder: Wir befinden uns in einer langjährigen Ehe, leben sie mehr schlecht als recht, doch nur nach innen. Nach außen geben wir ein angepasstes Bild ab, obwohl mit dem Ehepartner sowieso seit langem nicht mehr gestritten wird, „es bringt ja eh nichts.“ Wir gehen Kompromisse ein, denn „sich scheiden lassen gehört sich nicht“. Irgendwann glauben wir, dass die goldene Hochzeit ein an sich erstrebenswertes Ziel ist. Nun ergibt sich folgende Weichenstellung: Wir begegnen dem Menschen, den wir als die „wahre Liebe“ erkennen. Es sind die Situationen im Leben, wie sie eindeutiger nicht sein können. Wir werden von einer Welle der Liebe durchflutet, uns will die Sehnsucht nach diesem Menschen das Herz schier zerreißen. Diese Liebe hat nichts gemein mit Verliebtheitsgefühlen, die wir gegenüber bestimmten Menschen hegen, die doch nur früher oder später im Strohfeuer verglühen. Bei der „wahren Liebe“ ist die Intuition ganz und gar geöffnet, und wir fühlen mit untrüglicher Gewissheit: Das ist der Mensch, womit sich diese Vision des Lebens erfüllt. Im selben Atemzug, wie wir uns unserer Bestimmung bewusst werden, melden sich die Stimmen unseres Verstandes: Willst du alles Bisherige in Frage stellen? Ist das wirklich die wahre Liebe? Morgen ist die Liebe kalt und du bist einsam! Was bist du für ein Verräter, wenn du die Ehe verlässt!

Folgen wir nun der Stimme des Verstandes, bleiben wir in der Ehe und passen uns weiter an, dann leben wir den (un-)bewussten Dauerfrust weiter. Wir erfahren weiterhin eine nur eingeschränkte Befriedigung der Bedürfnisse mit allen sich später daraus ergebenden Konsequenzen, z. B. innerer Rückzug (Alzheimer, Altersdemenz), Krankheiten (Gicht, Rheuma, Arthrose) oder Süchten (Alkohol, Spielen, Internet).

Da auch die Bedürfnisse der Intuition entspringen, wird deutlich, dass wir uns für das Entwickeln unserer Vision immer pro-aktiv zu entscheiden haben. Pro-aktiv heißt, wir nehmen „das Schicksal in unsere Hand“ und befriedigen unsere Bedürfnisse, so wie es uns die Intuition vermittelt.

Alles andere ist re-aktiv. Dann folgen wir nicht der Intuition als innerer Nordrichtung, sondern wir reagieren auf unsere Umwelt, vor allem reagieren wir auf die Stimme unseres Verstandes.

Beugen wir uns dergestalt unserer Ratio, geben wir die Führung in unserem Leben aus der Hand. Wir rationalisieren unser Tun natürlich mit besten Argumenten. Damit werden wir zum Spielball des Geschicks. Da wir uns bei den Weichenstellungen nicht zur Entfaltung der Vision entschieden haben, erleben wir unser Leben anschließend wie aus zweiter Hand. Unser Leben entspricht nicht unserer Vision, was uns von vornherein frustriert. Alles, was dann an Alltäglichem von uns abverlangt wird, entpuppt sich als ungeliebtes Tun. Wir schließen mit uns und unseren Mitmenschen laufend Kompromisse, die von uns als Abstriche registriert werden zu dem, was wir wirklich wollen. Die Folge ist eine sich steigernde Unzufriedenheit, ohne dass wir uns richtig bewusst machen können, woher sie kommt. Entwickeln wir unsere Vision nicht und beugen uns den Einsichten des beharrenden Verstandes, dann machen wir uns abhängig von den äußeren Umständen. Gefühle wie Angst, Frust, Wut, die aus einer gesunden Seele heraus wichtige Navigatoren sind auf „der Fahrt“ durch unser Leben, werden unter diesen Umständen übermächtig. Sie beherrschen *uns* und nicht mehr wir sie.

Positive Gefühle wie Freude, Glück oder Begeisterung erhalten unter diesen Bedingungen einen anderen Charakter. Wir bilden uns ein, dass wir wahre Freude, Glück und Begeisterung fühlen. Da wir uns in unserem Leben jedoch wie in einem falschen Film vorkommen, können diese positiven Gefühle, weil sie im Grunde nur Ersatzbefriedigungen sind, auch nicht ihre wohltuende Wirkung entfalten.

Ziel ist es, die Weichenstellungen in unserem Leben zu erkennen. Sie ergeben sich im Kleinen tagtäglich, sind also ein wunderbares Übungsfeld zur Entwicklung unserer Vision. Entscheidend allerdings ist, dass wir bei den Weichenstellungen pro-aktiv der Intuition folgen und nicht re-aktiv den Weg des geringsten Widerstandes gehen. Entwickeln wir unsere Vision, verläuft unser Leben in Einheit mit uns und dem universellen Sein. Üben wir im alltäglich Kleinen, stellen die anstehenden größeren und großen Veränderungen für uns auch kein Problem mehr dar. Das Ergebnis ist eine gesunde Seele, wobei wir Gefühle erfahren, die, wie wir bereits erkannt haben, uns durch das Leben navigieren, anstatt dass uns übermächtig gewordene negative Gefühle beherrschen. Ein „schlechtes“ Bauchgefühl mögen wir als Ängstlichkeit empfinden, was uns allerdings nur davor schützen soll, Falsches zu tun. Wut kann uns z. B. signalisieren, dass wir uns oder andere sich ungerecht verhalten haben. Und was sich an Positivem in unserem Leben ergibt, das können wir in vollen Zügen genießen. Freude, Glück und Begeisterung werden gelebt und entfalten ihre wohltuende Wirkung. So erleben wir die Entwicklung unserer Vision als Selbstverwirklichung.

Die Intuition bedingt die Vision. Ohne Wahrnehmung der Intuition werden wir nicht die in uns angelegte Bestimmung visualisieren können. Visualisieren wir ohne Einbezug der Intuition, erzeugen wir ein Wunschdenken, das von unserem Verstand gespeist wird und letztlich in einer Sackgasse enden wird. So hört die Entwicklung unserer Vision während unseres Lebens im Grunde nie auf, es liegt nur an uns, in welchem Maß es geschieht. Beginnen wir unsere Vision zu entwickeln, hören allerdings irgendwann damit auf, hat sich also unser „kleinmütig reagierender“ Verstand durchgesetzt, dann werden wir unsere Bestimmung zeit dieses Lebens nicht finden können.

Liebe

Universelle Liebe

Ein Bibeltext gibt Ausdruck von der Universalität der Liebe. Er macht deutlich, dass sie kein Mysterium ist, sondern die Energie, ohne die alles nichts ist:

„Wenn ich in den Sprachen der Menschen und Engel redete, hätte aber die Liebe nicht, wäre ich dröhnendes Erz oder eine lärmende Pauke. Und wenn ich prophetisch reden könnte und alle Geheimnisse wüsste und alle Erkenntnis hätte, wenn ich alle Glaubenskraft besäße und Berge damit versetzen könnte, hätte aber die Liebe nicht, nützte es mir nichts.

Die Liebe ist langmütig, die Liebe ist gütig. Sie ereifert sich nicht, sie prahlt nicht, sie bläht sich nicht auf. Sie handelt nicht ungehörig, sucht nicht ihren Vorteil, lässt sich nicht zum Zorn reizen, trägt das Böse nicht nach. Sie freut sich nicht über das Unrecht, sondern freut sich an der Wahrheit. Sie erträgt alles, glaubt alles, hofft alles, hält allem stand. Die Liebe hört niemals auf.

Prophetisches Reden hat ein Ende, Zungenrede verstummt, Erkenntnis vergeht. Denn Stückwerk ist unser Erkennen, Stückwerk ist unser prophetisches Reden; wenn aber das Vollendete kommt, vergeht alles Stückwerk.

Für jetzt bleiben Glaube, Hoffnung, Liebe, diese drei; doch am größten unter ihnen ist die Liebe.“

1. Brief des Paulus an die Korinther, Kapitel 13, 1–13

So wie der universelle Geist allgegenwärtig ist, so ist die universelle Liebe allgegenwärtig. Wir brauchen uns im Grunde gar nicht zu sorgen, wir können der Liebe vertrauen, die uns den Weg weist. Deshalb sind wir alle Kinder der Liebe. Wir können uns davon lösen, Eltern dafür verantwortlich zu machen, dass sie uns keine oder zu wenig Liebe gegeben haben. Sie haben das in ihren Kräften stehende Beste getan, sie konnten uns nicht mehr geben, als sie selbst empfangen haben!

Wie die Atemluft um uns ist die Liebe allgegenwärtig. Wie wir einatmen und unseren Körper beleben, so nehmen wir die Liebe über unsere Intuition auf. Die Lunge als körperliches Organ funktioniert immer, bis zu unserem Tod. Unsere Intuition als Kanal zur Ganzheit des universellen Seins ist auch immer vorhanden. Es kann nur sein, dass wir diesen Kanal irgendwann stillgelegt haben. Das passiert dann, wenn wir das Vertrauen, uns auf unsere Intuition zu verlassen, nie hatten oder irgendwann verloren haben. Für das Atmen gibt es keinen Ersatz, für eine stillgelegte Intuition schon. In dem Maße, in dem uns der Zugang zu unserer Intuition abhanden gekommen ist, versuchen wir durch Ersatzhandlungen einen Ausgleich für entgangene Liebe zu erlangen.

Wenn wir auf die Welt kommen, ist der Kanal der Intuition ganz geöffnet. Haben Eltern Zugang zu ihrer Intuition behalten, sind sie auch in der Lage, uns die nötige Liebe zu geben. Fehlt unseren Eltern zum Zeitpunkt unserer Geburt der Zugang zu ihrer eigenen Intuition, entweder weil sie ihn durch ihre Eltern nicht vermittelt bekamen oder weil sie ihn durch Rückentwicklung wieder verloren haben, dann wachsen wir von Anfang an aufgrund des anderen elterlichen Koordinatensystems in einer Welt von Ersatzhandlungen auf. Also: Eltern, die selbst nie oder nur wenig Liebe empfangen haben, können auch keine oder nur wenig Liebe geben. Unter solchen Bedingungen erfahren wir Ersatzhandlungen, die wir häufig mangels Vergleichs für Liebeshandlungen halten. Durch diesen Irrtum passiert es, dass wir unseren Kanal der Intuition und das Empfangen der universellen Liebe im Grunde von Anfang an stilllegen.

Der Kanal zum Empfangen der universellen Liebe ist immer da, nur halten wir es nicht für möglich, den Zugang dazu wieder zu erhalten. In einer Welt elterlicher Ersatzhandlungen aufzuwachsen erzeugt zudem Gefühle wie Angst, Schuld und Scham, die sich lähmend auf uns auswirken. Deshalb sind wir aufgefordert, unseren eigenen Weg ins „Wir" zu gehen und unsere Intuition und damit den Kanal der universellen Liebe wieder zu reaktivieren.

Entscheidung zur Liebe

Die Offenbarung für uns besteht einfach darin, dass wir jederzeit die Möglichkeit und die Macht haben, uns für die Liebe wieder zu öffnen. Wir brauchen nur wieder unsere Intuition zu aktivieren und beginnen, die Liebe zu leben. Das wir das ab sofort tun können, fühlt sich für uns möglicherweise unglaublich an. Schließlich leben wir vielfach schon so lange nach dem anderen Konzept, halten es schlicht für das Realistische, dass ein Umstieg, und erschien er uns auch einfach, bei uns nur Kopfschütteln hervorrufen dürfte. Mehr noch, unsere Eltern, die uns das andere Koordinatensystem aufdrückten, lebten schließlich selbst ein anderes System, lebten Ersatzhandlungen, möglicherweise ein Leben lang. Das geschah schließlich deshalb, weil ihre Eltern ihnen auch nichts anderes vermitteln konnten, als nach einem anderen System als dem der Liebe zu leben. Und so könnten wir eine Generationenreise machen, um festzustellen, dass unsere Vorfahren zu ihren Lebzeiten zu nichts anderem fähig waren, als nach den jeweils anderen Koordinatensystemen zu leben. Und ausgerechnet wir sollten heute die Möglichkeit haben umzusteigen? So unwahrscheinlich es klingt, ja, so ist es. Wie alle Vorfahren vor uns auch haben wir heute die Möglichkeit, uns wieder unserer Intuition zu bedienen und uns damit auch der Liebe zu öffnen. Im Unterschied zu unseren Vorfahren, die, aus welchen Gründen auch immer, nicht oder nicht in dem Maße dazu in der Lage waren, auf das Loslassen des anderen Koordinatensystems zu verzichten, *wir können es!* Warum also darauf verzichten?

Selbstliebe

Es gibt keinen Zweifel daran, dass wir liebenswert sind. Liebe ist allgegenwärtig und unsere innere Kompassnadel weist immer dorthin. Unsere Intuition als Kanal für die Liebe ist ebenso immer in uns vorhanden. Da gilt es, sie uns immer wieder bewusst zu machen. Waren wir gezwungen, ein anderes Koordinatensystem zu verinnerlichen, hat es uns bestimmt andere Einsichten vermittelt, als dass wir liebenswert wären. Das andere Koordinatensystem mag bis jetzt sogar seinen Sinn gehabt haben, schließlich gab es uns Halt und Orientierung. Unsere Erkenntnis, dass wir für andere nicht liebenswert sind, spiegelt allerdings nur *unsere* Ansicht darüber wider. Und nach den Regeln der sich selbst erfüllenden Prophezeiung werden wir als Feedback Reaktionen erfahren, die unsere Ansicht noch stützen werden. Davon können wir nun getrost Abschied nehmen. Wir können uns bewusst werden, wie liebenswert wir sind. Wir können uns annehmen als ein Kind der universellen Liebe. Wir können das andere Koordinatensystem loslassen und können uns wieder annehmen als das, was wir von Grund auf sind: freie, selbstbestimmte und authentische Menschen.

Sich wieder ganz der Liebe zu öffnen, bedeutet, dass wir uns annehmen, so wie wir von Grund auf sind. Hilfreich dabei ist, dass wir uns unser inneres Kind vorstellen, das sich nach der wahren Liebe sehnt, das seine Intuition geöffnet hat und sich ganz nach der in ihm angelegten Vision entwickeln möchte. Dieses Kind ist in uns.

Übung:
Wenn wir uns vor den Spiegel stellen und uns anschauen, dann wollen wir uns anlächeln. Dieses Lächeln wird sich spiegeln im Lächeln unseres inneren Kindes, das dankbar ist, nicht mehr unterdrückt zu sein, und darauf wartet, sich mit uns weiterentwickeln zu können.

Liebe zu anderen Menschen

Die universelle Liebe ist allgegenwärtig, immer und überall. Lebewesen und Nicht-Lebewesen sind Ausdruck dieser einmaligen Energie. Diese Energie wird durch das Universum in seiner Klarheit und Einmaligkeit gespeist. Wir dürfen uns sicher fühlen, denn wir sind eingebettet in ein System, wo nichts verloren geht, wo alles und jedes miteinander verbunden ist. Indem wir uns der Liebe öffnen, öffnen wir uns auch dem universellen Geist, der alles mit allem verbindet. Wenn wir uns vorstellen, wir wären ein Liebestropfen, dann ergäben alle Liebestropfen zusammen den Ozean der Liebe. So sind wir im Grunde mit allen Lebewesen und Nicht-Lebewesen verbunden, und damit reagieren wir auch alle aufeinander. Das gilt es, sich immer wieder bewusst zu machen. Nach dem ersten Schritt der Selbstliebe erschließen wir uns den nächsten Schritt: die Liebe zu *allen* Menschen.

Verantwortung

Verantwortung für unser Leben tragen wir von Kindheit an. Zutreffend hat das Khalil Gibran in folgender Passage seines Buches „Der Prophet" zum Ausdruck gebracht:

> ***Von den Kindern***
>
> *Und eine Frau, die einen Säugling an ihre Brust drückte, sagte: Sprich zu uns von den Kindern.*
> *Und er sagte:*
> *Eure Kinder sind nicht eure Kinder.*
> *Sie sind die Söhne und Töchter der Sehnsucht des Lebens nach sich selbst.*
> *Sie kommen durch euch, doch nicht aus euch,*
> *und sind sie auch bei euch, gehören sie euch doch nicht.*

Ihr dürft ihnen eure Liebe geben, doch nicht eure Gedanken,
denn sie haben ihre eigenen Gedanken,
ihren Körpern dürft ihr eine Wohnstatt bereiten, doch nicht ihren Seelen,
denn ihre Seelen wohnen im Haus der Zukunft, und das bleibt euch verschlossen, selbst in euren Träumen.
Ihr dürft danach streben, ihnen ähnlich zu werden, doch versucht nicht,
sie euch ähnlich zu machen.
Denn das Leben schreitet nicht zurück, noch verweilt es beim Gestern.
Ihr seid die Bogen, von denen eure Kinder als lebendige Pfeile
abgeschnellt werden.
Der Schütze sieht die Zielscheibe auf dem Pfad des Unendlichen, und er beugt euch mit Macht, damit seine Pfeile umso geschwinder und weiter fliegen.
Freut euch der Beugung, die euch die Hand des Bogenschützen aufzwingt,
denn so wie er den flüchtigen Pfeil liebt, liebt er auch den verharrenden Bogen.

Die Hauptverantwortung, die wir tragen, ist die für unser Leben – und die tragen wir von Anfang an. Die Lebens-Verantwortung umfasst, dass wir unsere Vision entwickeln und die uns in der Kindheit durch unsere Eltern gestellten Aufgaben lösen. Erst indem wir diese Verantwortung annehmen, schaffen wir eine weitere wichtige Voraussetzung dafür, zu Lebzeiten den Weg ins „Wir“ erfolgreich zu beschreiten.

Alles andere als diese Verantwortung sind Verantwortlichkeiten, die wir situativ übernehmen. Als Führer einer Jugendgruppe beispielsweise sind wir für Sicherheit, Wohlfahrt und Durchführung des Vereinbarten verantwortlich. Als Vorgesetzte in Unternehmen übernehmen wir auch nur im Rahmen des Vereinbarten Verantwortung. Und so ist es auch um die Verantwortung von Eltern bestellt. Eltern übernehmen Verantwortung gegenüber ihren Kindern, soweit sie im „Generationenvertrag“ vorgesehen ist. Darin ist z. B. vorgesehen, dass Eltern ihre Kinder nach den ihnen gegebenen Möglichkeiten lieben. Eltern haben die Verantwortung, ihren Kindern z. B. Nahrung, Kleidung, Unterkunft zu geben und zur Entwicklung der Vision alles Notwendige bereitzustellen oder zu ermöglichen. Wofür Menschen keine Verantwortung übernehmen können, ist für die Entwicklung der Vision und die Lösung der (Lebens-)Aufgaben irgendeines anderen Menschen.

So tragen Eltern gegenüber ihren Kindern in den jeweiligen Entwicklungsstufen Verantwortung, die sich so umreißen lässt: Zu Beginn des Lebens sind sie wie liebevolle Trainer zu ihren Kindern. Das heißt, sie sorgen mit forderndem und förderndem Einfluss dafür, dass sich ihre Kinder im Leben angemessen bewegen lernen. Sie unterstützen einerseits den Erwerb von Wissen und Können, auf der anderen Seite stärken sie durch eine vertrauensvolle Haltung deren Selbstsicherheit. Mit zunehmendem Alter und sich entwickelnder Selbstständigkeit werden Eltern zu Coaches ihrer Kinder. Das heißt, nach wie vor unterstützen sie ihre Kinder beim Erwerb lebensnotwendigen Wissens/Könnens und bieten geschützte Räume zum Erlangen der nötigen Selbssicherheit. Darüber hinaus begleiten sie ihre Kinder auf deren Wegen außerhalb des Elternhauses, vor allem in Kindergarten und Schule, und stehen für ihre Fragen und zum Dialog bereit. Besonders in diesem Stadium leisten Eltern durch ihr verantwortungsvolles Verhalten gemäß dem „Generationenvertrag" substanzielle Beiträge für die kindliche Entwicklung zur autonomen Persönlichkeit. Mehr und mehr lernen die Kinder und Jugendlichen, wie *es* geht. Deshalb brauchen sie zunehmend die Eltern als Mentoren. Das heißt, Eltern pflegen zu ihren jugendlichen Kindern partnerschaftlichen Kontakt und stehen ihnen auf deren individuellen Wegen in liebevoller Art und Weise zur Seite. Haben die Kinder und Jugendlichen das Wissen/Können und die Sicherheit, brauchen sie Eltern wie „Brunnen", aus denen sie bei Bedarf schöpfen können. Das heißt, Eltern sollten *nur noch* in liebevoller Haltung für ihre jugendlichen Kinder bereitstehen. Sie geben Ratschläge und Tipps zur Lebensbewältigung nur dann, wenn ihre jugendlichen Kinder danach verlangen.

Um es mit einem Bild auszudrücken: Eltern sind wie Gärtner, sie haben dafür zu sorgen, dass die Frucht treibt. Je nach Lebensabschnitt haben sie das Nötige zu veranlassen oder zu tun, zu düngen, zu wässern, vor zu viel Sonne zu schützen oder auch, vor allem bei Einflussnahme Dritter, ihre Kinder zu beschützen. Die Frucht entwickelt sich aus sich heraus und nimmt die Gestalt an, die in ihr angelegt ist. Der Gärtner ist nur für die Rahmenbedingungen verantwortlich. Bei Blumen haben bekanntlich die Gärtner die besten Ergebnisse, die mit den Blumen sprechen. So lässt sich auch die Verantwortung für uns anvertraute Menschen beschreiben. Unsere Kinder, wie alle uns anvertrauten Menschen, entwickeln sich gemäß der in ihnen angelegten Vision und den eigenen inneren Maßstäben. Eltern und sonst in die Erziehung einbezogene Verantwortliche, wie Lehrer, Pfarrer, Pflegeeltern usw., haben das Nötige beizutragen, damit die Vision der Kinder und Jugendlichen entwickelt werden kann, nicht mehr, aber auch nicht weniger!

Bedürfnisse

Zur Entwicklung der Vision gehört ganz einfach: Wahrnehmen und Befriedigen der Bedürfnisse. Für den Weg ins „Wir“ brauchen wir „intakte“ Gefühle einer gesunden Seele als Navigatoren und die Befriedigung unserer Bedürfnisse als Motoren. Die Bedürfnisse kommen aus der Intuition. Da der Kanal der Intuition mit dem universellen Geist verbunden ist, der ja gleichbedeutend ist mit der universellen Liebe, entspringen im Grunde alle Bedürfnisse aus dieser einen Quelle. Aus diesem elementaren Liebe-Bedürfnis leiten sich alle weiteren Bedürfnisse, wie Geborgenheit, Sicherheit, Ruhe, Frieden, Harmonie, Wohlgefühl, ab. Alle ins Bewusstsein kommenden Bedürfnisse lassen sich damit im Umkehrschluss auf ihre elementare Quelle zurückführen.

Haben wir von Geburt an Eltern im „Wir“, wird unser Bedürfnis nach Liebe von Anfang an befriedigt. Damit einhergehend fühlen wir uns geborgen und sicher, vertrauen uns und unseren Eltern. Im ganzheitlichen Sinn befinden wir uns im Einklang mit uns und unserem Sein, wir verwirklichen unsere Vision, Auslöser für das Erleben von Zufriedenheit und Glück.

Haben wir *nicht* Eltern im „Wir“, wurde unser kindliches Bedürfnis nach Liebe nicht oder nur unzureichend befriedigt. Wir erfuhren durch das Verhalten unserer Eltern Frustrationen. Diese entstanden aus dem Unterschied zwischen unserem Bedürfnis nach Liebe und den *rationalen* Reaktionen unserer Eltern. Diese Reaktionen entsprangen wiederum dem verinnerlichten Normensystem von Geboten und Verboten, die unsere Eltern als Kinder erfahren mussten.

Bedürfnisse sind die Motoren für unseren Weg ins „Wir“. Haben wir keine Eltern im „Wir“, ist uns über die pro-aktive Verwirklichung unserer Bedürfnisse der Schlüssel gegeben, den eigenen Weg ins „Wir“ zu gehen. Indem wir auf die Stimme der Intuition hören, erschließen wir uns die Bedürfnisse, die zur Entwicklung unserer Vision beitragen. Wenn es uns gelingt, unsere wahren Bedürfnisse wahrzunehmen und pro-aktiv zu befriedigen, werden wir aus eigener Kraft immer authentischer werden.

Sind wir nicht achtsam, können wir die Palette unserer Bedürfnisse auch nur sehr eingeschränkt wahrnehmen. Stattdessen entwickeln wir ein hohes Schutz- bzw. Geborgenheitsbedürfnis. Ursache hierfür sind Verletzungen in der Kindheit, die uns große Schmerzen bereitet und die wir (noch) nicht verarbeitet haben. Ohne das nötige Selbstvertrauen wird die Ratio dann zum alleinigen Souffleur unseres Denkens und Handelns. So wie wir den eigenen Gefühlen gegenüber taub sind oder werden, so werden wir es auch gegenüber den Gefühlen der Mitmenschen. Wenn wir unsere Bedürfnisse nur unzureichend wahrnehmen können, erfahren wir auch nur eine eingeschränkte Bedürfnisbefriedigung. Die Folge von nur unzureichendem Erleben von Gefühlen wie Liebe, Glück und Begeisterung ist, dass unsere Entwicklung im jeweiligen Lebensstadium stagniert. Bei nachhaltiger Entbehrung dieser Gefühle kommt ein Prozess in Gang, dass wir uns allmählich geistig, seelisch und körperlich zurückentwickeln. Wir reagieren zunehmend angstvoller auf jegliche Erscheinungsformen der Umwelt, werden immer misstrauischer und glauben uns immer weiter schützen zu müssen. In solchen Fällen werden Sicherheit und Geborgenheit zu Generalbedürfnissen. Wir igeln uns dann innerlich wie äußerlich förmlich ein. Förmlich erstarrt über die negativen Einschätzungen unseres Verstandes werden wir zunehmend gefühlstaub und müssen erleben, wie unser Körper immer schneller abbaut und wir immer kränklicher werden.

Des Weiteren: Befriedigen wir Bedürfnisse nur re-aktiv und nicht pro-aktiv zur Entfaltung unserer Vision, entwickeln wir uns gleichfalls nach und nach im ganzheitlichen Sinne zurück. Re-aktives Befriedigen von Bedürfnissen geschieht über Ersatzhandlungen, die durchaus eine scheinbar vorübergehende Befriedigung bringen können. Weil sie aber nicht „richtig" befriedigen können, verspüren wir Frust. Die Befriedigung wird häufig in der Steigerung der Häufigkeit oder Intensität der Ersatzhandlung gesucht – was jedoch zu immer größerem Frust führt. Dazu gehören Ersatzhandlungen wie Essen, Alkoholkonsum, Spielen, Drogen, Sex, Sport, Internet, Arbeiten, Kaufen usw., also alles, was ablenkt und vorübergehende Pseudofreude schafft.

Wir sehen also, Bedürfnisse sind die Motoren zur Entwicklung unserer Vision. Entscheidend ist, dass wir sie pro-aktiv befriedigen. Dabei brauchen wir uns gar nicht mit überhöhten Anforderungen an uns selbst den Mut rauben zu lassen. Kleine Erfolgserlebnisse steigern das Empfinden und trainieren uns im Vorwärtskommen auf dem Weg ins „Wir". Doch dazu mehr im dritten Teil dieses Buches.

Authentizität

So wie der universelle Geist uns gleich einer Kompassnadel, die immer nach Norden zeigt, die Richtung weist, wohin wir uns zu orientieren haben, gibt das andere Koordinatensystem uns eine andere Richtung an. Der Unterschied, sozusagen die Missweisung, entspricht dem Maß an fehlender Authentizität.

Folgen wir der Intuition, befriedigen wir pro-aktiv unsere Bedürfnisse zur Entwicklung unserer Vision, dann denken, fühlen und handeln wir authentisch. Gefühle einer gesunden Seele sind die Navigatoren der Authentizität. Authentisch sein heißt auch, stimmig zu sein, wobei sich das „stimmig" auch auf die Kongruenz unseres Handelns mit dem Denken unseres Verstandes im Einklang mit dem universellen Geist bezieht. Wenn wir aussprechen, was wir denken, und so handeln, wie wir sprechen, dann sind und wirken wir authentisch.

Vorbild

Nichts überzeugt mehr als das Vorbild. Kinder tun nicht das, was Eltern sagen, Kinder tun das, was Eltern tun. Im Grunde orientieren wir uns im Leben immer an Vorbildern. Beim Vorbild-Leben sollten wir bei uns selbst anfangen. Ziel ist dabei authentisches Verhalten, also die Stimmigkeit von Denken, Sprechen und Handeln, entsprungen aus der Intuition. Wir erreichen das, indem wir unser Denken, Sprechen und Handeln an den „Wir"-Kriterien orientieren, wie Vertrauen, Ehrlichkeit, Toleranz, Sanftmut, Freude, Friedfertigkeit, Großzügigkeit und Geduld (Erläuterungen dazu im dritten Teil). Kants kategorischer Imperativ besagt im Grunde nichts anderes: „Handle so, dass die Maxime deines Wollens jederzeit zugleich als Prinzip einer allgemeinen Gesetzgebung gelten kann."

Wenn wir nicht ablassen vom pro-aktiven Beschreiten unseres Weges ins „Wir", werden wir zu wahren Vorbildern für andere Menschen. Wir werden dadurch zu Trägern eines sich dynamisierenden Prozesses für das Beschreiten des kollektiven Weges ins „Wir". Glück, Freude und Ausgeglichenheit sind die Früchte, die wir dann bei einer bewussten Entscheidung für das Beschreiten dieses Weges ernten dürfen.

Du-Ich-Wir-Kontinuum

Grundsätzliches

Ausgestattet mit dem inneren Kompass der Intuition in Richtung des universellen Geistes und der universellen Liebe, tragen wir alle in uns die Potenziale zur Verwirklichung unserer Vision. Nach buddhistischer Auffassung leben wir auf Erden im Spannungsfeld zwischen Streben nach Glück und Vermeiden von Leiden. Am schnellsten kämen wir dahin, wenn wir Eltern hätten (und zwar *BEIDE*), die das Stadium des „Wir" lebten. Ist diese *ideale* Voraussetzung nicht gegeben, kommen wir nicht umhin, unseren eigenen Weg ins „Wir" zu finden.

Bei Menschen, die das „Wir" leben, ist der Kanal der Intuition geöffnet. Kinder, die von Eltern im „Wir"-Stadium gezeugt und geboren werden, sind aufgrund der elterlichen Einstellung immer Wunschkinder. Sie entwickeln und entfalten sich unter liebevoller Begleitung ihrer Eltern. Sie leben in dem Ordnungsrahmen der intuitiven Kriterien (statt von Geboten und Verboten). Ihr Leben entfaltet sich durch Ermunterung, Förderung und Anerkennung (statt Herabsetzung, Überforderung und Tadel). Alle, Eltern und Kinder, vertrauen ihrem inneren Kompass und freuen sich in der Familie auf den gemeinsamen Weg im partnerschaftlichen Miteinander, getragen von gegenseitigem Vertrauen, Verständnis und Annahme. Die Stadien, die mit Eltern im „Wir"-Stadium in optimaler Weise erreicht werden, sind folgende:

Du-Ich-Wir-Stadien mit Eltern, die im „Wir“ leben

„Du“-Stadium: Abhängigkeit

Vom Anfang unseres Lebens bis zum Beginn der Pubertät reicht das natürliche „Du“-Stadium. In dieser Phase sind wir von unseren Eltern abhängig, ins Leben geleitet zu werden. Wir werden genährt, versorgt, betreut, da wir es aus eigener Kraft noch nicht können. Eltern begleiten uns, führen uns an die anfänglichen Geheimnisse der Welt heran. Wir verinnerlichen die Fähigkeiten, mit den alltäglichen Dingen des Lebens umgehen zu können. Wir gehen in Kindergarten und Schule, entwickeln uns gemäß der in uns schlummernden Anlagen. Eltern im „Wir“-Stadium sehen in Kindern Partner. Die Partnerschaft besteht darin, dass Eltern sich ihrer eigenen Bedürfnisse bewusst sind und sie zur Zufriedenheit befriedigen können. Das versetzt sie in die Lage, sich ihren Kindern „in Augenhöhe“ zuzuneigen und achtsam mit deren Bedürfnissen umgehen zu können. Werden Grundbedürfnisse der Kinder nach Liebe, Geborgenheit, Sicherheit und Vertrauen durch ihre Eltern befriedigt, entwickeln sich Kinder zur Freude ihrer selbst und der mit ihnen am Wachstumsprozess beteiligten Menschen.

„Ich“-Stadium: Unabhängigkeit

Die Entwicklung zum „Ich“ beginnt bereits in der „Du“-Phase. Das „Ich“ als autonome Persönlichkeit bildet sich im gesunden Prozess durch zunehmende Selbständigkeit und Selbstverantwortung und durch die eigene Meinungsbildung in partnerschaftlichem Austausch mit den Eltern, getragen von Selbstbewusstsein und Selbstvertrauen. Die Pubertät bringt dann den finalen Entwicklungsschub zum „Ich“. Im Übergang vom Kindsein zum Erwachsenen stellt sich der Körper um. Hormonelle Vorgänge in dieser Wachstumsphase sorgen für vorübergehende Ungleichgewichte des Körpers und der Seele. Eltern im „Wir“ sind sich dieser Phänomene bewusst. In Phasen von Weltschmerz, beim

Erleben und im Umgang mit der sich entfaltenden Sexualität, in der Auseinandersetzung der eigenen Meinung mit der von anderen begleiten Eltern im „Wir" ihre jugendlichen Kinder und führen auch hier den Dialog mit ihnen partnerschaftlich und in Augenhöhe.

„Wir": Vernetzung

So gelangen die Jugendlichen idealerweise nach Beendigung der Pubertät in die Phase des „Wir". Als autonome Persönlichkeiten, selbstbewusst und authentisch, wissen sie ihre eigenen Bedürfnisse zu erkennen und zu befriedigen und haben ein Gefühl für die Bedürfnisse der Mitmenschen. Die „Wir"-Phase ist geprägt von gemeinsamen Gewinnen, von partnerschaftlichem Verhalten, dem Bewusstsein von interessengesteuertem Geben und Nehmen. Die Intuition ist intakt, so dass sie immer in der Lage sind, sich am inneren Kompass zu orientieren. So sind sie fähig, ihre Beziehungen liebevoll zu leben. Das schafft die Voraussetzungen dafür, mit dem entsprechenden Partner im „Wir" nun die eigenen Kinder in derselben Weise durch deren Lebensphasen zu geleiten.

Der Kanal der Intuition zum Empfang von universellem Geist und universeller Liebe ist immer in uns. Daraus folgt, dass wir jederzeit die Entscheidung treffen können, uns die Intuition zu erschließen, auch wenn wir meinen sollten, dass die Voraussetzungen bei uns nicht ideal sind. Der Weg zum „Wir" steht allen immer offen. Sich dafür zu entscheiden und ihn dann zu gehen, erfordert anfängliche Überwindung und anschließende Ausdauer. Jede Reise beginnt bekanntlich mit dem ersten Schritt. Wenn die weiteren Schritte folgen, fällt uns das Beschreiten des Weges von Mal zu Mal leichter. Erfasst uns dann die Freude am Überwinden des anderen Koordinatensystems, genießen wir zunehmend die immer spürbarer werdenden Liebesenergien. Und umso rascher vollzieht sich der Prozess zur Erlangung des „Wir".

In diese Welt hineingeboren zu werden, bedeutet zunächst, keinen unmittelbaren Einfluss auf die erreichten Stadien unserer Eltern zu haben. Unsere Eltern sind gerüstet (oder auch nicht) durch das, was sie wiederum von ihren Eltern mitbekommen haben. Falls unsere Eltern sich nicht im „Wir“-Stadium befanden, haben sie uns zwangsläufig ein anderes Koordinatensystem mitgegeben. Um den eigenen Weg besser einschätzen zu können, gilt es, die Dynamiken des anderen Koordinatensystems unserer Eltern, was letztendlich auch zu unserem Koordinatensystem wurde, verstehen zu lernen.

Du-Ich-Wir-Stadien mit Eltern, die *nicht* im „Wir“ leben

„Du“-Dynamiken im anderen Koordinatensystem

Das „Du“-Stadium ist das Stadium der Abhängigkeit. Im anderen Koordinatensystem ist es das Stadium, in dem sich Jugendliche und erwachsene Menschen (noch) nicht von ihren Eltern gelöst haben. Deswegen sind sie anfällig dafür, dass andere beliebige Menschen, vor allem Autoritäten, einen unmittelbaren Einfluss auf sie gewinnen können. Fremdbestimmtes Denken, Fühlen und Handeln sind Hauptmerkmale des „Du“-Stadiums. Menschen im „Du“-Stadium orientieren sich an dem verinnerlichten anderen Koordinatensystem aus fremdbestimmten inneren Prägungen, Normen, Zwängen, die sie entsprechend denken, fühlen und handeln lassen. Erfahrungen, häufig sehr leidvolle der eigenen nicht überwundenen kindlichen Abhängigkeit, werden später unwillkürlich und häufig unbewusst zum Erziehungsmuster gegenüber den eigenen Kindern. Auch das beste Bemühen, den eigenen Kindern etwas anderes mitzugeben, muss letztendlich scheitern. So wiederholt sich an den eigenen Kindern, was selbst erfahren wurde und bisher (noch) nicht überwunden werden konnte.

Die Grunddynamik für das Verbleiben im „Du“-Stadium ist die Hilflosigkeit gegenüber erfahrenem Liebesentzug. Diese Dynamik wirkt doppelt: Einmal dadurch, dass Eltern im „Du“ der Zugang zur Liebe (ziemlich) verschlossen war, somit wird das Erfahren von Liebe für deren Kinder wiederum selten oder nie erfahrbar. Zum anderen, weil Eltern den Liebesentzug bewusst einsetzen, sozusagen als erzieherisches Mittel. Das Kind erfährt den bewussten Liebesentzug durch Äußerungen wie z. B.: „Du bist ein böses Kind, dich kann ich gar nicht mehr lieb haben". Weil Kinder die Liebe der Eltern brauchen, und zwar immer wie die Luft zum Atmen, entsteht beim Kind sofort das Gefühl von Angst und Verzweiflung. Es wird alles versuchen, die Liebe in irgendeiner Form zu bekommen. Weil es nicht sehen kann, dass sein Bemühen vergeblich sein muss, verhält es sich in irgendeiner Form auffällig, z.B. durch Quengeln, Weinen, Schreien und ähnliche Verhaltensweisen, was von Seiten der Eltern prompt zum erneut erklärten Liebesentzug führt. So entsteht der Teufelskreis in die Abhängigkeit:

Du gibst mir die Liebe nicht? Ich werde so lange (an-)klagen, bis ich sie bekomme.

Folgen der permanenten Frustration führen zu Trauer, einer häufig als tief und endlos empfundenen Trauer. Diese wiederum lässt das Kind schließlich resignieren, und es kommt zu Depressionen und, je nachdem, zu selbstaggressivem Verhalten. Kinder, die derart im „Du"-Stadium verhaftet sind, entwickeln, zumindest bis zur Pubertät, keine oder nur verkümmerte „Ich"-Anteile. Ihr Muster ist es, nicht aufzubegehren, sondern sich anzupassen. Sie tun alles, um den Eltern zu gefallen, und infolgedessen leiden sie unter mangelndem Selbstvertrauen. Manche kompensieren es, z.B. mit erhöhten Anstrengungen in der Schule, oder sie engagieren sich im Sportverein oder im sozialen Bereich. Egal, was diese Kinder tun, im Grunde tun sie es nur aus dem Impuls heraus, dadurch die Liebe ihrer Eltern zu gewinnen.

„Ich"-Dynamiken im anderen Koordinatensystem

Das „Ich"-Stadium ist das Stadium der Unabhängigkeit. Im anderen Koordinatensystem ist es das Stadium der *misslungenen Unabhängigkeit*. Bei Menschen im „Ich"-Stadium dreht sich alles in erster Linie um sie selbst. Im Gegensatz zu Menschen, die im „Du“ verhaftet sind, also von anderen Menschen hilflos abhängig sind und damit ein negatives Ego aufweisen, weist das Ego der Menschen im „Ich“-Stadium Übersteigerung und Egozentrik auf. Menschen im „Ich“-Stadium können kaum oder gar nicht den inneren Kompass zur Liebe wahrnehmen. Stattdessen kompensieren sie, im Bestreben, sich selbst Liebe zu geben oder zu nehmen. Sie können dabei sehr aktiv sein und zu Wohlstand und Ansehen gelangen. Das, was sie bestrebt sind zu erreichen, soll ihnen Anerkennung bringen und dazu beitragen, sich glücklich zu fühlen. Da das jedoch misslingt, geraten sie immer weiter in den Teufelskreis des „Jetzt erst recht“ mit dem Ergebnis, dass Stresssymptome, „Ausgebranntsein“ und Krankheiten wie Herzinfarkt und Schlaganfall auftreten. Menschen im „Ich“-Stadium glauben über andere bestimmen zu können und wollen andere dazu bringen, wenn möglich zwingen, so zu denken und zu handeln wie sie. Der Teufelskreis der „Ich“-Dynamiken ist:

1. Sehnsucht nach Liebe,
2. Frustration der Sehnsucht und dann
3. das Nun-erst-recht zur Befriedigung der Sehnsucht

Im Gegensatz zu Menschen im „Du“-Stadium rebellieren sie offen oder versteckt, entwickeln häufig Aggressionen, die sie dann gegen Sachen oder Menschen richten.

Die Grunddynamik für die misslungene Autonomie ist das Aufbegehren gegen den Liebesentzug. Im Gegensatz zu dem Kind, das verhaftet ist im „Du“ Stadium, welches sich an alles anpasst und eine mächtige Leidensfähigkeit entwickeln kann, sagt das Kind mit Eltern im „Ich“ zu dem, was es erfährt: „Nein!“ Es bezieht gegenüber Mutter und Vater eine innere Position: „Ich tue erst dann das, was du willst, wenn du mich liebst.“

Das Kind, das sein „Ich“ einsetzt, führt Machtkämpfe aus. Es sind Nebenkriegsschauplätze, um Mutter und Vater zu zwingen, es zu lieben. Mutter und Vater, selbst geprägt durch Machtkampferfahrungen in ihrer Kindheit und ohne (viel) Liebe aufgewachsen, setzen nunmehr gegenüber den eigenen Kindern das selbst erfahrene Muster ein. Allerdings führen sie den Machtkampf heute aus der Position der Stärke heraus. Sie wollen nicht zulassen, dass das Kind gewinnt. Die Folge ist, dass das Kind eine doppelte Niederlage erleidet: Es bekommt nicht die ersehnte Liebe, ist frustriert und fühlt sich zusätzlich durch die Niederlage gedemütigt. Einhergehend mit der Entbehrung der elterlichen Liebe verliert das Kind das Gefühl von Sicherheit, Geborgenheit und Vertrauen. Die Trauer darüber kann das Kind nicht ertragen. Es agiert sie aus, dabei kommt es u. a. zu unkontrolliertem, trotzigem und zerstörerischem Verhalten. Das durch Niederlagen begründete Gefühl von Demütigung erzeugt in dem Kind Folgegefühle von Wut und Rache. Dieses alles kann dazu führen, dass das Kind jegliche Form von Unrechtsbewusstsein verliert und sich wahllos Opfer in Gegenständen oder Lebewesen sucht, um sich von seinem inneren Druck zu befreien. Hieraus kann sich ein dramatischer Teufelskreis entwickeln, der in dem Kind jegliche Form krimineller Energie entstehen lässt.

Kinder mit misslungener Unabhängigkeit tragen immer den Anspruch in sich: Ich zeig es dir. Ihr Grundmuster ist: siegen. Sie haben gelernt, dass sie nicht erwarten dürfen, von anderen Menschen selbstlos geliebt zu werden. „Na gut“, ist dann ihr Muster, „dann hol ich sie mir eben.“ Macht und Omnipotenz sind dann Kompensationen, allerdings nicht der Liebe, sondern sie dienen der Befriedigung ihres Ichs.

Die Grunddynamik der misslungenen Autonomie vollendet sich für diese Kinder im klassischen „Ich“-Stadium der Pubertät. Das Machtkampfmuster wird generalisiert – überlegen sein zu müssen wird zur fixen Idee. Konfrontiert mit empfundenen Niederlagen, hervorgerufen durch Eltern, Lehrer, Ausbilder usw., wird ihnen gegenüber eine Antihaltung entwickelt. Je nach Grad des Hassgefühls kommt es zu Rachehandlungen wie Sabotage, Schikanen, Vandalismus. Zur Abreaktion können auch Stellvertreter auserkoren werden, so dass willkürlich Schwächere zu Opfern werden. Der Frust und die Sehnsucht nach Liebe und das Gefühl der Demütigung aus den verlorenen Machtkämpfen prägen das andere Koordinatensystem von Egoismus und Egozentrik.

Doch auch für diejenigen, deren Biografie sich wie hier beschrieben entwickelte, steht immer der Weg ins „Wir“ offen. Dazu gehört die Besinnung auf die Intuition als *den* Kanal zur universellen Liebe, der ihnen immer die Möglichkeit gibt, ihre Autonomie zu vollenden und ins Stadium des „Wir“ zu gelangen. Sie müssten nur den ersten – eigenen – Schritt dazu tun.

„Du-Ich“-Dynamiken im anderen Koordinatensystem

Für Menschen im „Du“-Stadium bieten sich über das Verbleiben in diesem Stadium hinaus zwei Optionen:

1. über Trotzhaltung und mit misslungener Autonomie in der Pubertät im Stadium des „Ich“ zu bleiben,
2. den eigenen Weg ins „Wir“ zu gehen.

Eine mögliche Folge zu 1. ist, dass Kinder in „Trotzphasen“ und später in der Pubertät gegen die von ihnen bis dahin gelebte Anpassung aufbegehren. In frühkindlichen Trotzphasen eher unbewusst, mit zunehmendem Alter bis hin zur Pubertät immer bewusster, wird das Abhängigkeitsmuster durchschaut und die Kinder bzw. Jugendlichen begehren gegen die mit einem Mal massiv empfundenen Ungerechtigkeiten auf. Sie generalisieren die Ungerechtigkeiten und widersetzen sich im Grunde allem, was von Seiten der Eltern kommt. So kommt es zu ungleichen Machtkämpfen zwischen Eltern und ihren (jugendlichen) Kindern. Das andere Koordinatensystem der Eltern im „Du“ ist das der Abhängigkeit gegenüber den eigenen Eltern. Das Muster verlangt umgekehrt, die Abhängigkeit der eigenen Kinder ihnen gegenüber, egal, wie alt sie sind. Der ungleiche Machtkampf besteht darin, dass die „Ich“-Anteile der Jugendlichen in Kollision mit der in Abhängigkeit halten wollenden „Du“-Einstellung der Eltern geraten. Die ungleichen Machtkämpfe werden geführt bis dorthin, wo die Jugendlichen endgültig resignieren. Die Resignation entsteht aufgrund des Überhandnehmens von Schuld und Angst. Die Sehnsucht nach Liebe bleibt, und das eigene „Ich“-Verhalten wird als Verrat gegenüber den Eltern empfunden, was auszuhalten für sie unerträglich wird. Sie passen sich den Eltern wieder an, allerdings werden diese Machtkämpfe nunmehr verinnerlicht und sie entlasten sich emotional durch Selbstaggressionen, mit Gefühlen der inneren Zerrissenheit, und können zu Intrigen, Illoyalitäten usw. gegenüber scheinbaren oder tatsächlichen Autoritätspersonen führen.

Eine andere Folge zu 1. ist, dass Jugendliche das in der Pubertät gewonnene Ich-Bewusstsein ausleben wollen. Ihr Gerechtigkeitssinn lässt sie spüren, dass die Ich-Anteile auf dem Weg zur Autonomie wichtig sind. Zudem spüren und genießen sie die Macht aus den ungleichen Machtkämpfen, die sie mit ihren Eltern haben. Im Gegensatz zu Eltern im „Ich"-Stadium, die Machtkämpfe ausfechten, um zu siegen, sind Eltern im „Du"-Stadium dazu nicht in der Lage. Pocht der Jugendliche auf irgendetwas, z. B. abends länger draußen bleiben zu können, kontern Eltern im „Du" im Grunde hilflos mit Äußerungen der Abhängigkeit, wozu klassisch gehören: „Ich habe so viel für dich getan, jetzt bist du mal dran, was für mich zu tun" oder „Mein Gott, bist du undankbar, von wem hast du das bloß?"

Wie wir bei den „Du"-Dynamiken im anderen Koordinatensystem gesehen haben, besteht der Grundkonflikt der Kinder im „Du"-Stadium darin, dass sie gehorchen, abhängig bleiben, um die Liebe der Eltern ja nicht zu verlieren. Der Grundkonflikt bleibt auch weiter erhalten, wenn die Kinder in die Pubertät kommen. Deshalb geraten die Jugendlichen, die im „Du" aufgewachsen sind und Liebesentzug einfach nicht ertragen können, in der Pubertät beim Ausleben der Ich-Anteile in einen doppelten Konflikt. In dem Moment, in dem sie die „Ich"-Anteile ausleben, Macht spüren und für den Augenblick des ungleichen Machtkampfes die Macht auch genießen, haben sie gleichzeitig Angst, die Liebe der Eltern zu verlieren, und Schuldgefühle, die Eltern zu verletzen.

Das Ganze führt zu einem Abwehrverhalten bei Jugendlichen. Sie verdrängen die Gefühle der Angst und der Schuld von der für sie legitimen „Ich"-Behauptung. So kommt es, dass „Ich"-Anliegen gegenüber den Eltern zu irrationalen, häufig absurden Szenarien führen können. Kleinste Anliegen des „Ich" werden begleitet von Abwehrattacken verdrängter Angst und Schuld, die dann zu den bekannten Ausrastern von pubertierenden Jugendlichen gegenüber ihren Eltern führen.

Später kann sich diese verinnerlichte Dynamik gegenüber dem jeweiligen Lebenspartner in folgender Weise äußern:

Die Angst um Liebesentzug wird auf den Lebenspartner übertragen. D. h., man ist bestrebt, den Partner in der Abhängigkeit bei sich zu halten. Zeigt der Partner in irgendeiner Form „Ich"-Anteile, die ein Spiegel sind zu eigenen seinerzeit gegenüber den Eltern ausgelebten „Ich"-Anteilen, genügt ein häufig nichtiger Anlass, um die verdrängten Ängste und Schuldgefühle zu mobilisieren. Die Folge ist eine Abwehrschlacht gegenüber dem Lebenspartner und seinem gezeigten Verhalten, die sich in Unterstellungen, Vorwürfen, Anklagen entlädt. So kann es in Beziehungen mit „Du-Ich"-Dynamiken aus diesen Projektionen heraus zu sogenannten Himmel/Hölle-Mustern kommen. Himmel, solange der Lebenspartner sich abhängig verhält, und Hölle, wenn er Anstalten macht, eigene Wege zu gehen, die das Abhängigkeitsmuster bedrohen.

Die Muster des „Du", des „Ich" und des „Du-Ich" rauben Energie und belasten die Beziehungen zu anderen Menschen. Der Weg hin zu innerem und äußerem Frieden ist der in Richtung „Wir". Aufgezeigte Dynamiken sind nicht gottgegeben, sondern gelernt. Es liegt also an uns und unserer Bereitschaft, umzulernen.

Beziehungen leben in den verschiedenen Stadien

Grundsätzliches

Alle Anteile des Du-Ich-Wir-Kontinuums sind in uns enthalten. Wir sind *immer* Mischtypen. So können Erscheinungsformen des „Ich" beim hauptsächlich „Du"-Abhängigen und Erscheinungsformen des „Du" beim hauptsächlich „Ich"-Dominierten auftreten. Auch „Wir"-Anteile können sehr wohl bei Menschen in beiden Stadien zum Tragen kommen, und Menschen im „Wir“ können Episoden vergangener Stadien erleben. Da es an uns liegt, wie achtsam wir mit uns sind und welchen Raum wir statt der Intuition unserem Verstand einräumen, kommt es vor, dass das Kontinuum bei den Menschen in ihren jeweiligen Stadien wieder rückwärts abläuft. Bezeichnen wir Menschen als „Du“-, „Ich“- oder „Wir“-Typen, fokussieren wir auf das Stadium mit dem jeweils größten Anteil.

Vom Wesen der romantischen Liebe

Von der hier beschriebenen romantischen Liebe sind die „Strohfeuer“ abzugrenzen, die eher objekt- als personenbezogen sind. Bei „Strohfeuern“ verlieben wir uns durchaus auch mit romantischen Gefühlen, jedoch mehr z. B. aus purer sexueller Anziehung, aus Trotz gegenüber dem eigenen Partner, situativ in Kuren, Urlauben. Das eventuelle Kribbeln im Bauch entspringt dann mehr dem vorübergehenden Lustempfinden als der Freude am Bekennen zum anderen.

Verlieben wir uns romantisch und signalisiert uns die Intuition, dass wir *den* Partner fürs Leben gefunden haben, und bekennen wir uns innerlich voll und ganz zum anderen, dann öffnet sich uns das Einfallstor für einen gemeinsamen Weg ins „Wir“. Diese Form der romantischen Liebe können alle Menschen erleben, gleichgültig, wo sie im Du-Ich-Wir-Prozess angelangt sind. Romantisch verliebte Menschen sind häufig konfus, äußern dem Partner gegenüber Dinge, die jeglicher Rationalität entbehren. Die Gefühle regieren und die Partner verstehen sich trotzdem, was auch immer ausgedrückt wird. Darüber hinaus: Eigenheiten, Spleens, Schrulligkeiten werden angenommen, respektiert, geliebt. Der jeweils andere wird so angenommen, wie er ist.

Verliebte, die so empfinden, vervollkommnen sich mit dem Partner. Sie fühlen sich komplett nur zu zweit, und keiner möchte mehr ohne den anderen sein.

Romantische Liebe bei Paaren im „Wir“

Romantisch Verliebte im „Wir“, die die Kriterien des „Wir“, u. a. Vertrauen, Ehrlichkeit, Toleranz und Geduld, leben, arbeiten an sich und schaffen so die Voraussetzung für die Aufrechterhaltung einer gemeinsamen dauerhaften Beziehung. Paare im „Wir“ tun Gutes über ihre Beziehung hinaus. Sie engagieren sich z. B. für Mitmenschen, Tiere, die Umwelt. Sie „befruchten“ sich gegenseitig und unterstützen ihre Mitmenschen auf deren Weg ins „Wir“. Paare im „Wir“ können auch streiten. Sie streiten allerdings in einer Win-win-Haltung zur Erzielung eines gemeinsamen Konsenses. Achtung, Respekt und Würdigung jedes Menschen in seinem „Sosein“, ohne jegliche Herablassung und Anbiederung, kennzeichnen deren Einstellung.

Romantische Liebe bei Paaren im „Du“/„Ich“

Die so beschriebene Form der romantischen Liebe verbindet Menschen aus Stadien des „Du“ oder „Ich“ zunächst einmal zu Paaren im „Wir, der romantischen Liebe“. Dieses „Wir“ hat Bestand, solange die romantische Liebe andauert, und wird getragen von der gegenseitigen Achtung, Würdigung und vom gegenseitigen Respekt. Der Prozess, den beide als Folge zu bewältigen haben, kann beschrieben werden mit: *Werdet, was ihr seid*. Der gemeinsame Weg ins „Wir“ wird so lange beschritten, wie beide die Liebe verbindet und die Partner sich Raum für gegenseitiges Verstehen geben. Befindet sich ein Partner im „Du“, fordert er den anderen Partner typischerweise heraus, z. B. mit Unterstellungen, „Dinge unter den Teppich kehren“, Vermeidenwollen und Anklagen. Befindet er sich im „Ich“, können Verhaltensweisen zum Tragen kommen wie z. B. Beleidigungen, Siegen wollen, Handgreiflichkeiten, Zynismen, Diskriminierungen. Alle genannten Verhaltensweisen haben nichts mit dem Partner zu tun, sondern resultieren aus Verletzungen in der eigenen Kindheit. Treten Konflikte auf, deren Ursache in den seelischen Verletzungen begründet liegen, enden sie, solange die romantische Liebe sie verbindet, zumeist harmonisch. Denn nach durchgestandenem Konflikt, durchaus auch heftig und schmerzhaft, steht am Ende das gegenseitige Verzeihen, mit dem Ziel, wieder in Harmonie die gemeinsame Liebe zu leben. Beide streben dann zueinander und vereinigen sich im starken Verlangen, wieder komplett zu sein – „Wir“ zu sein.

Die heiße Phase der romantischen Liebe hält bei den verschiedenen Paaren unterschiedlich lange an. Solange die heiße Phase anhält, verbindet sie der Zustand des „Wir, der romantischen Liebe, “. Mit der Dauer des „Erkaltens“ der romantischen Liebe können *die* „Du“/„Ich“-Anteile wieder die Oberhand gewinnen, in deren Stadien sich die beiden Partner jeweils befanden. Dann ist für deren weitere Entwicklung bedeutend, für welchen Weg sich beide entscheiden.

Entscheidung gegen den gemeinsamen Weg ins „Wir“

Entscheidet sich nun einer der Partner dafür, nicht mehr in die Entwicklung der Beziehung investieren zu wollen, kann keine gemeinsame Entwicklung zum „Wir“ mehr erfolgen.

Gewinnen bei beiden Partnern die „Du“/„Ich“-Anteile die Oberhand, ist der Nährboden für gegenseitige Abhängigkeit (beide im „Du“), Machtkämpfe (beide im „Ich“) oder Unterdrückung bis hin zur Tyrannei (einer „Du“, der andere „Ich“) gelegt. Die Rückkehr ins „Du“/„Ich“ wird dann ausgehalten, bis der Tod sie scheidet oder bis mindestens einer von beiden zur Erkenntnis gelangt, dass Trennung die bessere Lösung ist.

Entscheidung für den gemeinsamen Weg ins „Wir“

Gehen beide Partner achtsam miteinander um, bringen gegenseitiges Verständnis auf, arbeiten in dem Sinne an ihrer Beziehung, wird die romantische Liebe immer wieder aufs Neue angefacht. Sich mit dem anderen immer wieder komplett zu fühlen und es auch zu wollen, lässt beide Kurs halten auf dem gemeinsamen Weg ins „Wir“.

Wie wir schon erkennen konnten, ist der Weg dazu oft nicht einfach. Die Verletzungen aus der Kindheit wirken schließlich bei beiden Partnern. Und wie wir oben gesehen haben, äußern sie sich in für die jeweiligen Stadien typischen Verhaltensweisen. Erleben wir also vom Partner bzw. von der Partnerin in Konflikten Verhaltensweisen wie Unterstellungen, Vermeidungen, Zynismen oder Diskriminierungen, ist es notwendig, diese in einen Gesamtkontext zu stellen und zu verstehen.

So
- gelten Angriffe auf uns eigentlich dem Verletzter unseres Partners aus der Kindheit.
- bedeutet das Ausweichen in bestimmten Situationen nichts anderes, als keinen Mut zu haben, sich dem Konflikt zu stellen, weil es einem in der Kindheit abtrainiert wurde.
- sind Unterstellungen, Vorwürfe, Eifersucht nichts anderes als Tests an uns, unsere Liebe immer wieder zu beweisen, weil die Liebe in der Kindheit so schmerzlich entzogen wurde.

Und umgekehrt,
- greifen wir unseren Partner an, weil wir uns von ihm verletzt fühlen,
- tauchen wir ab, weil wir uns einer Sache nicht stellen wollen,
- spüren wir Verrat an unserer gemeinsamen Liebe, in welcher Form auch immer,

dann rühren die Verhaltensweisen von unseren Verletzungen aus der Kindheit und projizieren sich auf den Partner.

Hilfreich für den Umgang miteinander, vor allem für das Bewältigen von Konflikten, können folgende Verhaltensweisen sein:

- Erst verstehen, dann verstanden werden
- Nichts persönlich nehmen
- Anstatt eine Kampfposition einzunehmen, den Konflikt zu deeskalieren versuchen
- Konfliktthemen zu objektivieren (z.B. Was meinst du damit?)
- Gemeinsam dritte Wege für ein weiteres harmonisches Miteinander finden

Werden diese Verhaltensweisen als Regeln einer gemeinsamen Streitkultur akzeptiert, eröffnen sich für beide beste Perspektiven für den gemeinsamen Weg ins „Wir“.

Ich weiß mich
zu verstehen,
ich kann
mir helfen

Grundsätzliches

Zentrales Ziel unseres Lebens ist, dass wir uns nach unseren inneren Maßstäben entwickeln und bestrebt sind, die in uns angelegte Vision zur Entfaltung zu bringen. Das ist uneingeschränkt der Fall, wenn wir mit der Intuition verbunden und bereit sind, ihren Impulsen zu folgen. Gelingt uns das, dann leben wir ein Leben in weitgehender Authentizität und sind in der Lage, unsere Bedürfnisse zu befriedigen. Daraus resultiert, dass wir Liebe, Glück und Freude zu unserem normalen Gefühlsrepertoire zählen können. Wie wir bereits erkennen konnten, haben wir von unseren Eltern vielfach ein anderes Koordinatensystem als das der Intuition vermittelt bekommen. Statt ein „Wir" zu leben, sind wir zunächst damit befasst, uns mit noch nicht bewältigten Anteilen aus dem „Du"- bzw. „Ich"-Stadium auseinanderzusetzen. Diese Auseinandersetzung ist also völlig normal, egal, um welche Themen es dabei auch gehen mag. Die Bandbreite der Themen liegt klassischerweise zwischen mangelndem Selbstwert und Selbstvertrauen aus dem „Du" bis zum Thema Wut und Aggression aus dem „Ich". Haben wir uns die Themen zu Aufgabenstellungen erkoren, die wir „pro-aktiv" in den Griff bekommen wollen, schreiten wir auf unserem Weg ins „Wir" voran. Befassen wir uns mit den Themen, weil sie unser Alltagsleben beeinflussen, ohne dass wir ernsthaft darangehen, sie zu bearbeiten, handeln wir „re-aktiv", allerdings ohne großen Einfluss auf deren Veränderung.

Entscheiden wir uns dafür, die Themenstellungen aus dem „Du" bzw. „Ich" pro-aktiv zu bearbeiten, erzielen wir den Effekt, dass wir

- bewusster unser Leben leben,
- bei unserem Tun den tieferen Sinn erkennen können,
- uns insgesamt über uns und die Wirkungen auf unsere Umwelt klarer werden,
- die inneren Dämonen, Ängste und Traumen beherrschen lernen.

Darüber hinaus lernen wir, auch die Freuden des Lebens bewusster zu leben, was in Gänze zu einer deutlichen Steigerung der Lebensqualität führt.

Aus dem gesamten Repertoire seelischer Verletzungen und deren Auswirkungen haben wir nachstehend ein paar beschrieben. Uns kommt es dabei darauf an, die Erkenntnis zu vermitteln, dass wir uns immer helfen können, sofern wir unser Bestreben auch *nachhaltig* umsetzen. Bei unserem Bestreben können wir *immer* auf Hilfe zurückgreifen. Häufig glauben wir, mit unseren Problemen ziemlich einmalig und alleine in der Welt zu sein, und trauen uns nicht, andere damit zu behelligen. Wir fürchten abgelehnt zu werden, wenn wir unsere Probleme offenbaren. Hier liegt ein ganz klarer Trugschluss vor! Wir dürfen Vertrauen haben. Bestimmt gibt es Menschen, die für uns ein offenes Ohr haben, wir müssen sie nur finden. Es können, soweit vorhanden, z. B. die eigenen Lebenspartner, Menschen im Freundes- oder Bekanntenkreis sein. Es können auch Menschen sein, die ehrenamtlich oder professionell für uns bereitstehen, z. B. bei der Telefonseelsorge, Psychotherapeuten, Ärzte, Geistliche, Selbsthilfegruppen.

Wir wünschen viel Erfolg beim Lösen Ihrer Aufgaben, um so richtig den Blick für das Entwickeln Ihrer Vision freizubekommen.

Projektionen

Ich weiß mich zu verstehen

Das am meisten praktizierte Abwehrverhalten zur Entlastung der Seele sind Projektionen. Das Phänomen der Projektion besteht darin, dass sie Einblick gibt in die Aufgaben (Verletzungen aus der Kindheit), die wir zu lösen haben, ohne selbst die Aufgaben zu sein. Bei der Projektion gehen wir hin und kritisieren an anderen Einstellungen oder Verhalten, die zu unserem Repertoire gehören, die wir aber an uns ablehnen. Somit gibt das, was wir projizieren, Aufschluss darüber, was wir zu bearbeiten haben.

Selbsterkenntnis und Projektion stehen somit in direktem Zusammenhang. Wer sich so sieht und anerkennt, wie er wirklich ist, macht sich frei von eigenen Vorstellungen, die einer Illusion entspringen. Je weniger wir hingegen bereit sind, an innere Tabus heranzugehen und Verdrängungen aufzudecken, desto intensiver projizieren wir diese in unsere Umwelt. Tabus und Verdrängungen bilden sozusagen die Schattenseite unserer Persönlichkeit, die wir vor uns selbst versteckt halten, weil wir sie nur mit Gefühlen von Angst, Scham und Schuld wahrnehmen können.

Projektionen spiegeln somit Anteile in uns, die wir an uns ablehnen, oder wenn wir uns nicht zugestehen wollen, sie zu leben. Die Entstehung von Projektionen kann unterschiedlich ausgelöst werden. Einmal kann es so sein, dass wir in uns auf etwas stoßen, was einen akuten Schmerz verursacht, dessen Ursache wir, weil es an ein Tabu oder eine Verdrängung rührt, nicht erkennen können. Zum Orten des Schmerzes macht sich unser Verstand auf und wird alles Mögliche, allerdings Unzutreffende, finden, was uns nur noch mehr verzweifeln lässt. Ein meist nichtiger Anlass wird dann der berühmte Tropfen sein, der das Fass zum Überlaufen bringt, und wir werden jemanden finden, an dem wir uns abreagieren können. Unser Verstand wird eine meistens uns nahestehende Person kurzerhand zum Verursacher unseres Schmerzes erklären. Wir werden uns dann selbstgerecht und mit willkürlichen Gründen am anderen abreagieren, z. B. durch Kritik oder noch heftiger durch Beschuldigungen, Beleidigungen, Unterstellungen, Anmaßungen.

Eine andere Erscheinung ist, dass wir auf Einstellungen oder Verhaltensweisen bei unseren Mitmenschen stoßen, die unbewusst mit unseren Tabus oder Verdrängungen kommunizieren. Wir ärgern uns dann über diesen Mitmenschen mit dem diffusen Gefühl, dass er für unseren Ärger verantwortlich ist. Wir sind dann nicht in der Lage zu erkennen, dass es sich bei diesen Einstellungen und Verhaltensweisen um eigene abgelehnte Anteile handelt. In der einfacheren Form kritisieren wir den Mitmenschen für sein Verhalten, was in der Regel zu einem Konflikt führt, da der Betreffende sich zu Unrecht kritisiert sieht. Das führt meistens zu den unfruchtbaren Streitereien, in denen die Ursachen nicht erkennbar sind und sich die Emotionen gegenseitig hochschaukeln.

In der schwereren Form fixieren wir unsere Projektion auf den Mitmenschen, halten somit am Ärger auf ihn fest. Das passiert meistens dann, wenn die der Projektion zugrunde liegende Verletzung so starke Schmerzimpulse abgibt, dass wir kaum glauben sie aushalten zu können und unser Verstand für die Abreaktion – dringend – ein geeignetes Ventil sucht. Findet er dieses Ventil in Gestalt eines Mitmenschen, erfolgt die Umkehrung unseres Schmerzes, d. h., er kehrt sich in ein unrealistisches Hochgefühl der Überlegenheit und Omnipotenz um. Der Preis für dieses positive Pseudogefühl ist allerdings, dass uns nun der Verstand vollständig beherrscht. Außer dem Ärger, den wir meistens über Wutausbrüche abreagieren, sind wir wie gefühlstaub und auch nicht mehr in der Lage, Gefühle wie Freude, Glück oder Liebe wahrzunehmen. Das kann sogar dazu führen, dass unsere Wut statt besänftigt immer weiter angestachelt wird, wenn ein verständnisvoller Mitmensch statt mit Gegenrede einfühlsam reagiert.

In solchen Projektionsphasen leben wir wie in einer Scheinwelt, gespeist vom Hochgefühl der Omnipotenz, ansonsten innerlich isoliert, unzugänglich für jegliche innere und äußere Feedbacks. Das dauert so lange, bis die zugrunde liegende Verletzung aufgehört hat, Schmerzimpulse zu senden. Sind wir anschließend wieder klar, empfinden wir Schuldgefühle gegenüber dem Mitmenschen, auf den wir projizierten. Uns wird bewusst, dass wir aus einer Scheinwelt heraus dachten und handelten, was uns für die Einschätzung unseres Verhaltens für die Zukunft verunsichert. Als Folge können wir ein Kontrollverhalten uns und anderen gegenüber entwickeln, um die Situationen immer im Griff zu behalten. Die Kontrolle kann uns so weit einengen, dass wir auf Dauer nicht mehr unbeschwert in der Lage sind, das Leben zu leben, schon gar zu genießen.

Beispiele für Projektionen

Eine Frau, die sich den Wunsch verwehrt, ein Wochenende ohne Familie zu verbringen, wird in der Freundin, die für sich ein Entspannungswochenende plant, z. B. eine Egoistin sehen.

Ein Vater, der an seinem Sohn feststellt, dass er sich bei Auseinandersetzungen sehr zurücknimmt, kann darüber sehr wütend werden, weil er selbst nicht gelernt hat, sich Konflikten zu stellen.

Eine Frau, die einen dominanten Vater hatte, nimmt sich in ihrer Beziehung überaus stark zurück und geht auf alle Wünsche ihres Partners ein. Sie bezweckt damit, dass ihr Partner über dieses Verhalten die Dominanz gewinnt, die sie, durchaus auch schmerzhaft, an die Bindung zu ihrem Vater erinnern soll.

Ein weiteres Anzeichen für Projektionen ist ein Mangel an Toleranz gegenüber bestimmtem Verhalten unserer Mitmenschen. Ursache für die Intoleranz ist, dass wir dieses Verhalten an uns selbst unbewusst spüren und ablehnen. Das fehlende Verständnis für uns selbst bringt uns dazu, eben dieses Verhalten unserer Mitmenschen zu bewerten und abzulehnen. Je nach Ausprägung kommt es zu Generalisierungen. Lehnen wir z. B. exzentrische Menschen innerlich ab, werden wir versuchen, Kontakte zu ihnen zu vermeiden. Gelingt es uns, unsere Anteile an dieser Eigenschaft in unser Bewusstsein zu heben und auch als Teil von uns anzunehmen, dann wird es uns gelingen, exzentrische Mitmenschen ohne Abwehr und ohne Urteile anzunehmen. So verhält es sich häufig gegenüber sogenanntem „unnormalen Verhalten“. Homosexuelle werden meist von den Menschen am stärksten abgelehnt, die selbst homophile Neigungen in sich spüren. Behinderte werden häufig von denen abgelehnt, die über einen geringen Selbstwert verfügen. Und wer beim Anblick z. B. eines Punks oder Obdachlosen gesellschaftlich mehr Zucht, Ordnung und Strenge einfordert, projiziert damit meistens eine eigene innere Unordnung.

Ich kann mir helfen

Um Projektionen zu erkennen und aufzulösen, gilt es, auf unsere heftigen und übertriebenen Gefühle zu achten, bei denen es sich in der Regel um unsere verdrängten Anteile handelt.

Gerade Partnerschaftskonflikte bieten uns eine Chance, uns unserer kindlichen Verletzungen bewusst zu werden, indem wir den inneren Konflikt nicht nach außen verlegen. Wenn wir vertrauensvoll mit unserem Partner über die inneren Konflikte sprechen, wird er in entsprechenden Situationen verständnisvoll reagieren können und uns dabei helfen, den inneren Konflikt zu lösen.

Ein wichtiger Grund für unsere Unfähigkeit, uns an innere Tabus und Verdrängungen heranzuwagen, sind Ängste vor der eigenen Ablehnung und davor, dass wir meinen, uns dann nicht mehr weiterentwickeln zu können. Wir wollen nicht erkennen, dass es gerade dieser Teufelskreis ist, der uns innerlich im Dunkeln hält. Unangenehme Gefühle, ausgehend von Impulsen der Tabus und Verdrängungen, gilt es mit ehrlicher Innenschau auszuhalten und uns zu fragen, weshalb wir so denken und handeln, warum wir mit Handlungsmöglichkeiten in uns leben, von denen wir glauben, uns schämen zu müssen.

Übung:

Wir suchen einen ruhigen Platz und verweilen in Muße und Bereitschaft zur Innenschau.

Wir schauen zurück auf Verhaltensweisen von Mitmenschen, die wir aus einem inneren Impuls her abgelehnt haben.

Wir fragen uns, warum wir gerade dieses Verhalten abgelehnt haben.

Wir fragen uns weiter: Worüber will dieses Verhalten uns Aufschluss geben?

Wir nehmen wahr, was die gewonnenen Erkenntnisse unmittelbar mit uns zu tun haben.

Wir lassen Gefühle zu, die in diesem Zusammenhang kommen und uns zum Ablehnen führen.

Wir schreiben Erkenntnisse und Gefühle auf.

Wir unterschreiben das Aufgeschriebene und bestätigen damit, dass wir es als Teil von uns annehmen und integrieren.

Schuldgefühle

Ich weiß mich zu verstehen

Schuldgefühle besitzen eine gewaltige Zerstörungskraft gegenüber uns und unseren Beziehungen. Sie zerstören unsere Glücks- und Liebesgefühle und hemmen unsere Beziehungsentwicklung. Schuldgefühle basieren auf einem negativen Selbstkonzept, das wir von Kindheit an in uns tragen. Das negative Selbstkonzept bildet sich aus übernommener Verantwortung für Verletzungen, die *wir* erleiden mussten und die wir als Tabus und Verdrängungen ins Unbewusste geschoben haben. Als Folge davon sind wir unseren Bedürfnissen gegenüber blind und können auch die Bedürfnisse unserer Mitmenschen nicht richtig wahrnehmen. Stattdessen treiben uns mehr Gedanken mit Selbstangriffen und Vermeidungen um. Statt die fälschlicherweise übernommene Verantwortung aufzudecken, fühlen wir uns durch ein schlechtes Gewissen handlungsunfähig und verstärken damit kontinuierlich den Irrtum.

Praxisbeispiel

Der Klient, der sich in seiner beruflichen Arbeit stark beansprucht sah, fühlte sich durch die an ihn gestellten Anforderungen seiner Partnerin und Kinder überfordert. Er spürte, dass er sich seiner Familie mehr widmen sollte, als es ihm möglich war, sah sich jedoch dazu außerstande. Wenn er sich nun zu Hause entspannte und sich zu nichts weiter imstande sah, spürte er das Schuldgefühl in Form einer inneren Spannung.

Die innere Spannung entstand durch das bewusste Handeln, das Ausruhen und die Einstellung, darauf ein Recht zu haben, und dem Impuls aus dem verdrängten Unbewussten, es nicht tun zu dürfen. Diese Spannung erzeugte Unausgeglichenheit und beeinflusste unwillkürlich das Verhalten gegenüber den Familienmitgliedern in Form von Dünnhäutigkeit, Übellaunigkeit, Ungerechtigkeit.

Ein Grund für das Schuldgefühl lag darin, dass sein Vater, ein Einzelhändler, stets davon sprach, dass er es nicht mehr schaffen könnte, die Familie zu ernähren. Mit der Zeit wurde er immer griesgrämiger und unzugänglicher und widmete sich der Familie außer in Zornesausbrüchen und Ungehobeltheiten so gut wie gar nicht. Er arbeitete so lange, bis er zusammenbrach. Als Kind entwickelte der Klient ein Schuldgefühl, weil er sah, dass sich der Vater überarbeitete und *er* sich selbst als Belastung für den Vater empfand. Als der Vater dann zusammenbrach, fühlte er sich dafür verantwortlich.

So sah der Klient seine heutige Arbeit als zwingende Notwendigkeit, die Familie zu ernähren, damit bei ihm nicht das eintreten sollte, wovor sich sein Vater fürchtete. Das Bedürfnis, sich auch seiner Familie zu widmen, wurde nun durch das Schuldgefühl, so eine Art „Wiedergutmachung" für das Los des Vaters, überlagert.

Ängste und Schuldgefühle, denen wir uns nicht stellen, können sich in Form von Symptomen, z. B. Wut gegen uns selbst und gegen andere, äußern. Wir treffen in Konfliktzeiten auf genau diese Seite in uns, die uns Blockaden bereitet und uns dadurch Situationen noch schwerer oder noch bedrohlicher wahrnehmen lässt. Da wir den unverarbeiteten inneren Konflikt nach außen verlagern, hemmen wir uns in Auseinandersetzungen mit unseren Mitmenschen auf der Suche nach Lösungen. Alles, was wir so gemeinsam zu lösen versuchen, wirkt komplizierter und verstrickter. Klärungen unserer Mitmenschen interpretieren wir vielfach persönlich, wir fühlen uns angegriffen und tappen in die Rechtfertigungsfalle. Die Verwicklung wird komplett, wenn wir dann statt sachlich immer emotionaler reagieren.

Sind wir in einem Schuldmuster verhaftet, gelingt es uns nur scheinbar, angemessen auf die Bedürfnisse unserer Mitmenschen einzugehen. Manchmal werden Ersatzhandlungen angeboten, ein anderes Mal werden Bedürfnisse mit Schuldzuweisungen abgewiesen. Ein drittes Mal lassen wir uns überreden und zeigen während einer Aktivität, hinter der wir nicht wirklich stehen, unseren Unmut oder sind gedankenabwesend. So bleibt es nicht aus, dass wir unsere Mitmenschen als kraftraubend empfinden. Diese Missachtung der eigenen inneren Strukturen löst Frustrationen aus und hat auf unsere Beziehungen schädliche Wirkungen. So fühlen wir uns häufig in bestimmten Situationen unseren Mitmenschen gegenüber nicht gewappnet oder sogar ihnen ausgeliefert. Menschen mit Schuldgefühlen leiden häufig unter Erschöpfungszuständen. Neben allgemeiner Mattigkeit und einem hohen Schlafbedürfnis können auch Symptome wie plötzliche Müdigkeitsattacken auftreten. Das Gefühl der Schutzlosigkeit nach außen hin sucht sich so einen Weg des Rückzuges.

Sind wir als Eltern in einem solchen Schuldmuster verhaftet, zwingen wir unseren Kindern zwangsläufig ein Verhalten auf, das wir im Kompendium des „Wir“ als das andere Koordinatensystem bezeichnen. Ein Impuls des Schuldmusters kann uns dazu verleiten, dass wir versuchen, an unseren Kindern unsere Schuld abzutragen. In der Annahme, die Kinder vor den Mitmenschen wappnen zu müssen, erziehen dann Eltern im „Du“ häufig mit übertriebener Angst und Übervorsichtigkeit,

Eltern im „Ich“, indem sie Leistung und Durchsetzungsvermögen fordern.

Schuldmuster lassen uns gerne Opferrollen einnehmen nach dem Motto: Einmal schuldig, immer schuldig. So kann es passieren, dass wir uns schuldig fühlen, weil wir glauben, wir hätten z. B. unseren Partner, unsere Eltern oder unsere Kinder in Problemsituationen gebracht, in denen sie dann versagt haben. Wir akzeptieren die eigenen Schuldzuweisungen, weil sie unbewusst unser negatives Selbstbild bestärken.

Haben wir z. B. aus Ärger heraus unserem Partner morgens keinen Abschiedskuss gegeben und haben damit gegen ein morgendliches Ritual verstoßen, kann es sein, dass wir über Tag mit einem Mal ein Schuldgefühl bekommen, es nicht getan zu haben. Kommt am Abend der Partner nach Hause, hat Probleme mit seinem Vorgesetzten gehabt und konnte sich nicht durchsetzen, übernehmen wir rasch die Verantwortung dafür und erklären uns dafür schuldig.

Je nachdem kann die Opferrolle bis zur Aufopferung führen. Wir opfern uns z. B. für unsere bettlägerige Mutter auf. Wir opfern uns für unseren Partner, unsere Kinder auf, indem wir ihnen alles geben, was wir nur können. In der Aufopferung leisten wir unbewusst Sühne für die von uns übernommene Schuld. Der Teufelskreis entsteht, weil wir keine Erlösung erfahren und daher glauben, uns noch mehr aufopfern zu müssen.

Typisch für Opferverhalten aus Schuldgefühlen ist die Selbstbestrafung. Dabei handelt es sich um Aggressionen, die wir gegen die eigene Person richten. Das vielfältige Repertoire von Selbstbestrafungen kann körperlicher, seelischer und geistiger Natur sein. Bei den geistigen Selbstbestrafungen glauben wir z. B., von magischen Kräften oder von Gott bestraft zu werden. Wir widmen dann negative Ereignisse im Leben als Strafen um, die uns gelten.

Bei den seelischen Selbstbestrafungen übernehmen wir häufig das Leid, das wir glauben durch unsere Schuld anderen beigebracht zu haben, was häufig zu Depressionen führt.

Bei körperlicher Selbstbestrafung legen wir tatsächlich in irgendeiner Form Hand an uns oder wir treiben Raubbau mit dem Körper, z. B., indem wir hungern oder äußerlich verwahrlosen.

Schuldgefühle führen immer zu belasteten Beziehungen. Das schlechte Gewissen, das sich immer wieder meldet, lässt uns nie völlig frei und unbeschwert agieren. So können wir auch nicht loslassen, müssen immer wieder gewappnet sein für Impulse der Verdrängung. Das Schuldgefühl versperrt den direkten Weg, uns über die Intuition führen zu lassen, so dass unser Verstand die Führung und Kontrolle in unserem Leben übernommen hat. Wie wir unter dem Kapitel „Intuition und Verstand“ sehen konnten, sind wir für das Erreichen unserer Lebensziele blockiert, wenn wir uns ausschließlich von unserem Verstand leiten lassen. Tun wir es, dann drehen wir uns im Kreis oder gehen ganz in die Irre, was Ängste und Verunsicherung in uns auslöst. Ein weiterer gravierender Effekt ist, dass wir mit der Entkopplung der Intuition auch von der Liebe entkoppelt sind. Bestimmen Schuldgefühle unser Verhaltensmuster, leben wir statt in Liebesbeziehungen in Symbiosen. In symbiotischen Beziehungen mag vieles normal erscheinen, es kann sogar nach außen der Schein einer perfekten Paarbeziehung oder Familie erzeugt werden, jedoch fehlt die Wärme, die nur durch die Liebe entstehen kann. Symbiosen sind zudem durch fehlende Abgrenzung der Beteiligten gekennzeichnet, und fehlende Abgrenzung lässt unsere Individualität verkümmern, ganz gleich, um welche Beziehung es dabei geht.

Das Grundbedürfnis jedes Menschen ist das Bedürfnis nach Liebe. Eltern, die sich gegenüber ihren Kindern nicht in der Lage sehen, Liebe zu geben, weil sie in ihrer Kindheit selbst keine Liebe erhalten haben, werden ihr daraus entstehendes Schuldgefühl durch Ersatzhandlungen zu kompensieren suchen. „Weil wir dich so lieb haben“, erhält das Kind den dritten Teddybären, Markensachen, die es sich ja so sehr gewünscht hat, für den Computer die ach so ersehnte Play-Station usw. Weil es aber nicht das ist, wonach sich das Kind wirklich sehnt und es sich darüber auch gar nicht richtig freuen kann, passiert es, dass all die *schönen* Sachen in seinem Kinderzimmer „lieblos“ rumfliegen oder sich möglicherweise unschön bis an die Decke stapeln. Dazu erfährt das Kind alsbald den elterlichen Kommentar: „Sag mal, wie gehst du mit den Sachen um, die wir dir mit ‚Liebe‘ geschenkt haben? Du bist wirklich undankbar, weißt du unsere Liebe denn gar nicht zu schätzen?!“ So vererbt sich ein Schuldgefühl. Das Kind erfährt sich als undankbar für etwas, was ihm eigentlich keinen Spaß macht, aber mit *so viel Liebe* geschenkt wurde. Daraus entsteht in ihm ein Schuldgefühl, etwas gefordert zu haben, nämlich Liebe von den Eltern, die sie ihm doch so offenbar über alle Maßen haben zukommen lassen, und es ihm nicht gelungen ist, das entsprechend zu würdigen.

Praxisbeispiele

Ein Klient, der sich selbst als Perfektionisten sah, beschrieb ein Schuldgefühl gegenüber seinem Vater. Er sehnte sich danach, liebevolle Anerkennung von seinem Vater zu bekommen für das, was er tat. Der Vater hatte, als er Kind war, viel Zeit in ihn und sein Hobby investiert. Doch statt Liebe und Anerkennung empfand er Schuld, weil er für sich realisierte, dass er dem Vater in der von ihm aufgebrachten Zeit nichts Befriedigendes hatte bieten können. Konkret ging es darum, dass der Klient als Kind im Verein Fußball spielte. Der Vater schaute sich die Fußballspiele seines Sohnes an und besuchte ihn auch ab und zu beim Fußballtraining. Nach Spielen erhielt er vom Vater anschließend Kritik, z. B., wenn er sich eine offensichtliche Torchance hatte entgehen lassen. Er setzte ihn dann richtig unter Druck, und er spürte die große Verärgerung seines Vaters. Solche und andere Kritiken erhielt er im Grunde regelmäßig, etwas Lobendes erfuhr er so gut wie nie. Daraufhin entwickelte er das Schuldgefühl, der Liebe des Vaters „nicht würdig“ zu sein. Im unbewussten Bestreben, die Liebe des Vaters zu erlangen, entwickelte er eine Verantwortung, alles so perfekt wie möglich zu tun. Mit der Einsicht in die Zusammenhänge seines Schuldgefühles und der Erkenntnis der Übernahme einer Verantwortung, die gar nicht nötig war, konnte er davon loslassen. Im Laufe der Zeit verbesserten sich auch die Symptome, die er als Folge seines Perfektionsdrangs beschrieben hatte.

In einem weiteren Beispiel aus der Praxis kam ein 40-jähriger Mann mit Existenzängsten, chronischen Kopfschmerzen und Schlafstörungen in die Praxis. Seine Ängste waren objektiv nicht gerechtfertigt und standen auch in keinem Verhältnis zu dem, was bei ihm in Aussicht stand. Beruflich verausgabte er sich seit Jahren und konnte in seinem Privatleben nicht mehr wirklich entspannen. In Aufarbeitung seiner Probleme erzählte er, dass er sich schuldig fühle, weil er sich in seiner Pubertät nicht genügend um seine Mutter gekümmert hatte, die ihren Mann, seinen Stiefvater, in dieser Zeit verloren hatte. Nach dem Tod des Stiefvaters steigerte sie ihre Anstrengungen der Bemutterung für ihn. Sie kümmerte sich um fast alle Belange ihres Sohnes, säuberte sein Zimmer und war darauf bedacht, ihn zu verwöhnen, wo sie eben konnte. Sie litt sehr unter dem Tod ihres Mannes und bat ihren Sohn, als Dank für ihre Versorgung, die Abende mit ihr zu verbringen. Das ging ihm damals erheblich „gegen den Strich", und er begehrte gegen die mütterliche Inanspruchnahme auf. Daraus entwickelte er ein Schuldgefühl. Wenn es darum ging, Freude oder Entspannung zu genießen, verspürte er Unbehagen und schlechte Laune. Die Einsicht und das Loslassen in sein Schuldgefühl, das darin bestand, nicht die Verantwortung für die Einsamkeit seiner Mutter übernommen zu haben, machte ihn frei für die unbeschwerte Gestaltung seiner Freizeit. Folglich verschwanden seine Kopfschmerzen und Schlafstörungen, und er bekam alsbald auch seine Existenzängste in den Griff.

Ich kann mir helfen

Schuldgefühle lösen sich auf, wenn wir die Verantwortung erkennen, die wir als Kinder irrtümlicherweise auf uns genommen haben. Aus

Liebe zu den Eltern interpretieren wir Verhaltensweisen von ihnen falsch, weil wir das, was wir von ihnen zu erhalten hoffen, real nicht bekommen, uns aber vorgegaukelt wird, es erhalten zu haben. Im Alltagsleben wirken sich Schuldgefühle neutralisierend auf unsere positiven Gefühle aus, das heißt, bei Vorherrschen eines Schuldgefühls sind Gefühle, wie Freude, Liebe, Anteilnahme, wie ausgelöscht. In solchen Situationen gilt es, den Teufelskreis zu durchbrechen und genau das zu tun, wozu wir uns nicht in der Lage sehen, indem wir die Verantwortung für uns und unser Verhalten übernehmen.

Wie das geschehen kann, zeigt folgendes Beispiel einer berufstätigen Mutter: Die Mutter erzählte in der Praxis, dass sie immer ein schlechtes Gewissen ihren Kindern gegenüber habe, da sie sich so wenig um sie kümmere. Daraufhin machte sie mit ihren Kindern einen Plan für gemeinsame Aktivitäten. Bei der Planung stellte sich heraus, dass im Grunde kaum Zeit war, da sie zusätzlich zum Beruf für die ganze häusliche Arbeit zuständig war. Da es den Kindern auch wichtig war, mit der Mutter gemeinsame Zeit zu verbringen, schlugen sie von sich aus vor, bestimmte häusliche Arbeiten zu übernehmen. Die Planung gemeinsamer Aktivitäten erweiterte sich auf die Übernahme von häuslichen Tätigkeiten, was sich als segensreich herausstellte. Das Ergebnis war nicht nur zusätzliche Zeit für gemeinsame Aktivitäten, sondern auch der Austausch z. B. bei Tisch über das Erlebte im Haus und in der Schule. Die gemeinsame Planung ergab ein „Mehr“ an Miteinander und an Kommunikation, was zu größerer Harmonie und Gemeinsamkeiten führte.

Das Beispiel zeigt, wie mit pro-aktivem Handeln Schuldgefühle aufgelöst werden können, indem Bedürfnisse und deren Befriedigung in den Fokus genommen werden.

Aufgabe:

Wir schreiben alle Schuldgefühle auf, die wir haben.

Wir fokussieren für die Situationen, in denen die Schuldgefühle auftreten, die Verantwortung, die wir glauben übernommen zu haben.

Wir lassen nun die Verantwortung los. Das kann geschehen, indem wir uns genau das so lange vorsagen (Affirmation), bis das Schuldgefühl seine Wirkung verliert: „Ich lasse die Verantwortung für .... jetzt los." Hilfreich kann auch eine Geste dazu sein, dass wir uns ein imaginäres Tau vorstellen, das wir mit beiden Händen umklammert haben. Während wir uns die Affirmation vorsagen, öffnen wir beide Hände.

Wir schauen uns noch einmal die Situationen an, in denen wir früher Schuldgefühle hatten, und schreiben nun alles auf, was in uns an (neuen) Erkenntnissen und Gefühlen auftaucht.

Wir unterschreiben und bestätigen damit, dass wir die beschriebenen Phasen unseres Lebens nunmehr als unbelastete Teile von uns annehmen und integrieren.

Gestörtes Selbstwertgefühl

Ich weiß mich zu verstehen

Das mangelnde oder übersteigerte Selbstwertgefühl resultiert aus der Erfahrung, dass unsere Eltern über unsere kindlichen Gefühle und Bedürfnisse hinweggegangen sind. Eltern im „Wir", die in der Lage sind, in Augenhöhe ihre Kinder zu erziehen, besitzen das Vermögen, eigene Bedürfnisse wahrzunehmen und zu befriedigen. Das erst schafft die

Voraussetzung, auch auf die kindlichen Bedürfnisse einzugehen. Das Muster von Eltern im „Du“- oder „Ich“-Stadium dagegen ist, sich selbst in den Mittelpunkt zu stellen, wobei es dabei weniger um die aus Liebe entspringenden Bedürfnisse geht als um Routinen der Macht. Eltern im „Du“ üben die subtile Macht des Abhängigmachens durch Liebesentzug aus und Eltern im „Ich“ fordern zusätzlich zum Liebesentzug Anpassung und Gehorsam.

Wie sich mangelndes Selbstwertgefühl bei Kindern, deren Eltern sich im „Du“ bzw. „Ich“ befinden, entwickelt, zeigt folgendes Beispiel:

Ein dreijähriges Kind lernt Fahrrad fahren. An dem Fahrrad sind Stützräder, damit das Kind nicht umfällt. Das Kind wird zum allerersten Mal auf das Fahrrad gesetzt. Die Händchen umklammern die Griffe an der Lenkstange, es sitzt unsicher auf dem Sattel und der Gesichtsausdruck ist voller Ängstlichkeit und Hilflosigkeit.

Die spontane Äußerung von Eltern im „Du“: Dass du mir da ja nicht runterfällst.

Das Kind befindet sich das erste Mal in seinem Leben auf einem Fahrrad, es hat Angst, fühlt sich hilflos, hat das Bedürfnis nach Sicherheit und Geborgenheit und erhält die Botschaft: Mama oder Papa zuliebe nicht herunterzufallen. Da es Mama und Papa liebt, droht ihm ein Liebesentzug für den Fall, dass es herunterfällt. Die Situation wird das Kind sofort überfordern, so dass es anfangen wird zu weinen. Ist die Reaktion der Eltern, dass sie es vom Fahrrad herunternehmen, wird das Kind die Situation als Niederlage verinnerlichen und in Zukunft angstbesetzte Situationen zu vermeiden suchen. Lassen sie das Kind auf dem Fahrrad und zwingen es gar zu fahren, wird die durch die Überforderung entstehende Panik verinnerlicht, womit ihm der Mut genommen wird, sich neuen Lernfeldern zu stellen. Diese Erfahrungen sind ein Schlag für das kindliche Selbstvertrauen. Noch schlimmer aber ist es für das Kind, da es meint, die Liebe seiner Eltern nicht verdient zu haben. Das ist dann der Schlag gegen das Selbstwertgefühl und ist Ursache dafür, dass sich ein Kind unsicher, minderwertig und von der Welt abgelehnt vorkommt.

Die spontane Äußerung von Eltern im „Ich": Reiß dich jetzt mal zusammen.

Auch in diesem Beispiel befindet sich das Kind das erste Mal auf einem Fahrrad. Es fühlt sich ängstlich und hilflos mit dem Bedürfnis nach Sicherheit und Geborgenheit. Durch die Äußerung der Eltern erhält es die Botschaft, sich zusammenreißen zu müssen. Um ja nicht die Liebe der Eltern zu verlieren, wird das Kind über seine Gefühle hinweggehen und beginnen, in die Pedale zu treten. Erhält es nun ein Feedback, wie gut es das macht, wird es gelernt haben, Gefühle von Angst und Hilflosigkeit zu unterdrücken. Sein Selbstvertrauen wird dadurch gestärkt, weil es begonnen hat, positiv eine Fähigkeit zu entwickeln, sein Selbstwertgefühl dagegen wird beschädigt. Es verinnerlicht, nicht aus sich selbst heraus liebenswert zu sein, sondern dadurch, dass es sich zusammengerissen und etwas geleistet hat. Zudem hat es gelernt, dass durch Aktionismus das Sicherheitsbedürfnis unterdrückt werden kann, dass es durch „Tun" keine Angst und Hilflosigkeit mehr zu verspüren braucht.

Eine den kindlichen Bedürfnissen entsprechende Äußerung des „Wir" könnte sein:

Das ist jetzt für dich ganz ungewohnt, (mein Kleiner oder meine Kleine) und ein bisschen Angst hast du sicher auch.

Bei dieser Äußerung fühlt sich das Kind angenommen. Es weiß, dass Mama oder Papa bei ihm ist und mitfühlt. So wird es ihm leichtfallen, mit neuen Situationen umzugehen, und es erhält eine Einschätzung zu seinen Gefühlen in ungewohnten Situationen.

Mangelndes Selbstwertgefühl führt dazu, dass wir nicht oder nicht richtig in der Lage sind, unsere Bedürfnisse zu befriedigen. Auch ein übersteigertes Selbstwertgefühl ist ungesund, lässt uns unsere „wahren" Bedürfnisse erst gar nicht wahrnehmen. Das übersteigerte Selbstwertgefühl entsteht insbesondere dann, wenn Eltern ihre Kinder z. B. als die Besten, Schönsten, Größten herausheben. Die Kinder erhalten keine realistische Einschätzung ihrer Fähigkeiten, weil sie von vornherein das unwirkliche Gefühl bekommen, „Spitze" zu sein.

Liegt das eigene Selbstwertgefühl im Argen, leben wir ein Leben im Dauerfrust, ohne uns über die eigentliche Ursache im Klaren zu sein. Bedürfnisse, z. B. von sich selbst und anderen anerkannt, wertgeschätzt, geliebt zu werden, können wir mangels eines gesunden Selbstwertgefühles nicht zulassen. Weil wir aber eine unbewusste Erwartung danach haben, stellt sich eine schleichende Enttäuschung ein, die auch unsere Stimmung im Alltag dominiert. Wir flüchten uns in Ersatzhandlungen, um, allerdings fruchtlos, Befriedigung zu erlangen, bzw. wir ziehen uns zurück oder machen andere für unseren Frust verantwortlich. Im letzteren Fall verhalten wir uns ambivalent. Wir sehnen uns nach Liebe, Anerkennung und Wertschätzung, versagen sie uns selbst und verlangen nun von anderen, vor allem uns nahestehenden Personen, dass sie unsere Bedürfnisse befriedigen. Die Ambivalenz zeigt sich zum Beispiel in dem Verhalten, dass wir eine uns nahestehende Person auffordern, uns ihre Liebe und Anerkennung zu zeigen. Reagiert nun die Person entsprechend, lehnen wir die Zuwendung als unzureichend oder als falsch ab. Um nicht selbst frustriert zu werden, wird sich die betreffende Person zurückziehen. Das empfinden wir wiederum als Zumutung. Tief gekränkt werden wir nun dieser Person vorwerfen, dass sie uns „niemals" Liebe und Anerkennung gibt, wo sie doch genau weiß, wie sehr wir das brauchen.

Kompensation mangelnden Selbstwertes im „Du"

Befinden wir uns im „Du", besteht ein Muster darin, dass wir ein mangelndes Selbstwertgefühl durch übertriebenes Zuwendungsverhalten gegenüber bestimmten anderen Personen zu kompensieren suchen.

Diese bestimmten anderen Personen können Menschen sein, bei denen wir ein Gefühl der besonderen Nähe verspüren, oder Autoritäten wie etwa Vorgesetzte im Arbeitsleben. Wir hegen dann die Erwartung, für unseren Einsatz Dank zu erfahren als Befriedigungs-Ersatz für die nicht zugelassene Selbstliebe und Selbstanerkennung. Erhalten wir den Dank, ziehen wir daraus Befriedigungs-Ersatz, da wir uns vom Verstand her einreden, befriedigt worden zu sein. Wir werden unsere Bemühungen beibehalten oder auch verstärken, jedoch immer mit einem latenten Gefühl der Unzufriedenheit. Erhalten wir den Dank nicht, dürfte eine typische Reaktion sein, dass wir uns zurückziehen und uns im Stillen oder gegenüber uns vertrauten Personen über die Undankbarkeit dieser Mitmenschen beklagen. Unser mangelndes Selbstwertgefühl bewirkt, dass wir nicht den Mut aufbringen, das, was uns fehlt, den Betreffenden direkt zu sagen. Konfrontieren wir die Betreffenden, die uns ihren Dank versagt haben, kommt es häufig zu angstbesetzter Emotionalität. Es wird aus uns die Enttäuschung herausbrechen, und es wird uns kaum oder gar nicht gelingen, unser Anliegen sachlich vorzubringen. Die Absicht, die wir häufig *unbewusst* zu erreichen suchen, ist, beim Betreffenden ein Schuldgefühl für seine Undankbarkeit zu erzeugen. Je nachdem wird uns das auch gelingen, jedoch wird der Eindruck beim anderen haften bleiben, welch schwierige Person wir im normalen Umgang doch sind.

Kompensation mangelnden Selbstwertes im „Ich“

Befinden wir uns im „Ich“, besteht ein Muster darin, dass wir mangelndes Selbstwertgefühl durch Machtausübung gegenüber anderen zu kompensieren suchen. Wir hegen dann die Erwartung, durch Machtausübung und den aus Unabhängigkeit und Omnipotenz entstehenden Gefühlen einen Befriedigungs-Ersatz zu bekommen. Wir erleben uns dann erhaben über Menschen und Situationen, uns kann dann keiner was. Begleitet werden solche „Höhenflüge“ von Arroganz, Unzugänglichkeit und auch Wutausbrüchen. Die Ernüchterung stellt sich anschließend ein. Wir sehen uns mit einem Male mit der Wirklichkeit konfrontiert und bekommen Schuldgefühle für unser Verhalten. Entweder verdrängen wir und suchen rasch wieder in Machtstellungen zu gelangen nach dem Muster: „Was nicht sein kann, darf nicht sein", oder wir sehen uns unseren Schuldgefühlen bedrohlich ausgesetzt. In letzterem Fall werden wir uns zusammenreißen, weil uns sehr wohl bewusst ist, wie einseitig und ungerecht wir in unserem Verhalten gegenüber anderen sind, was uns allerdings sehr dünnhäutig sein lässt. Bereits der „Fliege an der Wand" gelingt es dann, uns wieder aus der Haut fahren zu lassen. Da uns die Ursache des mangelnden Selbstwertgefühls nicht bewusst ist, werden wir stets versucht sein, den Anlass für unser Verhalten bei den anderen zu suchen. Im „Ich" erwarten wir von unseren Mitmenschen, dass sie unsere Bedürfnisse befriedigen. Wir stellen dann häufig übertriebene Forderungen an andere und sind tief enttäuscht von diesen Menschen, wenn sie unseren Erwartungen nicht entsprechen wollen oder können. Jede Ausübung von Macht aus dem „Ich" führt im Endeffekt zu Gefühlen des Versagens, der Wertlosigkeit, der Frustration. In jedem Falle stellen wir für die Zeit der Höhenflüge für unsere Mitmenschen eine Herausforderung im Umgang dar.

Beispiele aus der Praxis
„Du"/„Du"-Beziehung

Eine 22-jährige Klientin lebte noch bei ihren Eltern. Ihr Vater litt an Asthma und sie spürte Wut ihm gegenüber, da er sie und die Mutter damit so tyrannisierte. Das bereitete ihr Schuldgefühle, weil sie glaubte, den Vater mit ihren Gedanken verraten zu haben. Die Situationen für das Auftreten der Asthmaanfälle offenbarten, dass ihr Vater sie abhängig halten wollte, damit sie sich und die Mutter um ihn kümmern sollten. Mittlerweile waren die familiären Riten so eingeübt, dass die beiden Frauen sich so angepasst verhielten, dass er nur ja keinen Anfall mehr bekam.

In der Aufarbeitung des Falles gelang der Klientin, sich von dem Verhalten des Vater zu distanzieren und das Schuldgefühl aufzulösen. Sie zog aus dem Haus aus und besuchte ihre Eltern, wann sie es für richtig hielt.

„Ich“/„Ich“-Beziehung

Ein Paar kam in die Praxis und klagte darüber, dass sie einen „Rosenkrieg“ führten. Sie warf ihrem Mann vor, sie zu drangsalieren. Er schließe morgens die Türe ab, so dass, wenn sie raus wolle, sie diese erst einmal aufschließen müsse. Wenn er für das Frühstück Eier kochte, „vergaß“ er schon mal ihr ein Ei mitzukochen. Sie rächte sich z. B., indem sie sein Toupet oder seine Brille „verlegte“. Auseinandersetzungen waren immer sehr lautstark und ab und zu auch handgreiflich. Darauf angesprochen meinte er, dass ihm das gar nicht bewusst sei, und im Übrigen sei er derjenige, der die Zickigkeiten seiner Frau zu ertragen habe. Sie provoziere ihn, und seine Reaktion würde sie als Ursache für den aus seiner Sicht willkürlichen Konflikt bekämpfen. Für beide bestand die Hauptaufgabe darin, den jeweils anderen zu verstehen. Beide gingen in ihrem Beziehungsverhalten von ihrem „Ich“ aus, so dass es zu entsprechenden Machtkämpfen mit beiderseits gefühlten Demütigungen kam. Indem beide die dem Verhalten zugrunde liegenden Interessen und Bedürfnisse des anderen erkannten und zu akzeptieren lernten, veränderte sich die Beziehung rasch zum Besseren.

„Du“/„Ich“-Beziehung

Eine Klientin fühlte sich in der Beziehung zu ihrem Mann unterlegen. Sie beschrieb ihn als gebildet und erfolgreich und sah ihre Aufgabe darin, ihn in seinem Leben auf den Stufen seines Erfolgs zu unterstützen. Wenn er Kollegen nach Hause einlud, versorgte sie die Runde, wobei sie häufig zitterte, wenn sie Kaffee einschenkte, oder ihre Stimme versagte, wenn sie angesprochen wurde. Wenn er das wahrnahm, kommentierte es der Ehemann gelegentlich zynisch, was sie nur noch mehr verunsicherte.

Das Muster der Beziehung war von ihrer Seite die „Du"-Abhängigkeit, von seiner Seite die „Ich"-Unabhängigkeit. Ihren mangelnden Selbstwert versuchte sie durch Unterordnung ihrer Bedürfnisse unter die Bedürfnisse ihres Mannes und über seinen Erfolg zu kompensieren. Als beide zu einer Aussprache in die Praxis kamen, äußerte er Verachtung gegenüber seiner Frau wegen ihrer devoten Haltung. Im weiteren Verlauf des Gesprächs ergab sich, dass beide keine Liebe füreinander verspürten. Sie begründete, sie wolle für den Mann da sein und erhalte als Gegenleistung existenzielle Sicherheit, was ihr reiche. Er begründete das Aufrechterhalten der Ehe damit, dass es in seiner Familie nie eine Scheidung gegeben habe, „so was macht man nicht", und dass es aus seiner Sicht sowieso nirgendwo den Himmel auf Erden gebe.

Ziel der therapeutischen Arbeit bestand darin, dass es die Klientin schaffte, ihr Selbstwertgefühl so zu stärken, dass sie die Entscheidung für oder gegen die Fortsetzung der Ehe autonom treffen konnte. Sie entschied sich für die Scheidung, was von ihm, trotz der vorher geäußerten Vorbehalte, sofort unterstützt wurde. Im Trennungsjahr, in dem sie sich auf eigene Füße stellte, erlebte sie einen deutlichen Schub hin zur gelungenen Autonomie. Das erste Mal in ihrem Leben, sagte sie, sei sie mit sich und dem Leben so richtig zufrieden.

Ich kann mir helfen

Der Aufbau eines gesunden Selbstwertgefühls geschieht über die Annahme des Stadiums, in dem wir uns befinden. Wenn wir erkennen, dass wir uns im „Du" befinden, bedeutet das, dass wir zunächst unser gesundes „Ich" erlangen. Das „Du" ist gekennzeichnet von großen Schmerzen, die wir in der Kindheit erleiden mussten in Ermangelung elterlicher Liebe, und dass wir nicht so angenommen wurden, wie wir waren. Wir mussten uns anpassen, in der Hoffnung, die entbehrte Liebe zu erhalten, ohne jemals das Gefühl zu erlangen, dass unsere Sehnsucht

„richtig“ gestillt worden wäre. Das machte uns unendlich traurig, und wir fühlten uns minderwertig, einsam und apathisch. Je nachdem erleiden wir heute depressive Phasen, in denen sich Gefühle der Angst, Hoffnungslosigkeit und der endlosen Trauer zu einem nicht aushaltbaren Albtraum verdichten.

Der Beginn des Weges zum gesunden „Ich“ liegt im Erkennen unserer Bedürfnisse und dass wir „wagen“, sie bewusst zu leben. Unterstützen können dabei die Intuition befreiende Aktivitäten wie z. B. alles Musische, Gesellschaftsspiele und Lachen. In allen größeren Städten existieren bereits Lachclubs, in denen sich Menschen finden, um sich mit Lachübungen einen Seelenausgleich zu verschaffen. Sehr wirksam sind unter professioneller psychologischer Anleitung Rollenspiele, bei denen wir uns noch einmal in die Situationen hineinversetzen, in denen wir uns klein oder minderwertig vorkamen. Bei diesen Rollenspielen konfrontieren wir uns mit Menschen, bei denen wir uns nie trauten, unsere Bedürfnisse zu sagen, oder nicht wagten, ihnen zu widersprechen. Das können z. B. Eltern sein, Autoritäten aus Beruf, Freizeit und Ehrenamt oder Menschen, die wir nicht verlieren wollen. Wir leben diese Situationen im Rollenspiel durch und stärken unser Selbstwertgefühl, indem wir genau das sagen und tun, was wir wollen. Meist hilft die Arbeit mit den Rollenspielen, das Ziel der Selbstwertstärkung zu erreichen. Durch diese Arbeit gelangen wir dann bis an den Punkt, an dem es uns möglich wird, uns mit einer realen Person zu konfrontieren, gegenüber der wir uns bisher kleingemacht haben. Mit dieser Person gilt es, eine Aussprache zu *riskieren*, nunmehr mit den Mitteln unseres autonomen „Ich“.

Ein weiterer Weg ist die Wutbefreiung. Als angepasste Kinder, eher brav und manierlich, haben wir selten oder nie aufbegehrt. Mit den Tränen der Trauer verschluckten wir die Wut, die uns von dem Gefühlsstau hätten befreien können. Das ist heute nun unsere Aufgabe. Durch Bewusstwerden der erlittenen Verletzungen und der damit einhergehenden Schmerzen entwickeln wir unsere Wut darüber, die wir an Orten, an denen wir ganz für uns alleine und ungestört sind, herauslassen. Empfehlenswert sind auch hier die unter professioneller Anleitung durchgeführten Rollenspiele. Denn erst mit Gehen dieses „egoistischen“ Weges zur Erlangung der gelungenen Autonomie schaffen wir die Voraussetzung für den Weg ins „Wir“.

Befinden wir uns im „Ich“, haben wir unseren Drang zur Unabhängigkeit anzunehmen. Die „Ich“-Unabhängigkeit ist eine Form der inneren Isolation. Gewinnt sie in uns die Oberhand, verteidigen wir unser Ego mit allen Mitteln. Wir können es nicht ertragen, kritisiert zu werden. Wir hören nicht mehr zu, sondern senden Tiraden an den vermeintlichen Angreifer. Je nachdem haben wir auch starke Tendenzen zu Handgreiflichkeiten.

Entstanden ist die Isolation in der Kindheit, als wir so gewaltige Schmerzen erleiden mussten, dass unsere Seele uns durch Gefühlstaubheit schützte. Seither haben wir einen Satz verinnerlicht, der so oder ähnlich in allen Fällen des empfundenen Angriffs zum Tragen kommt: „Mich verletzt keiner mehr ungestraft!“

Im „Ich“ ist unser Selbstwert der Integrität verletzt und den gilt es zunächst wieder aufzubauen. Das heißt, wir nehmen uns an, so wie wir sind. Wir erkennen an, dass wir sehr verletzt wurden und dass diejenigen, die uns verletzt haben, dafür auch die Verantwortung tragen. Der Schlüssel liegt nun darin, dass wir selbst die Verantwortung für unser Leben übernehmen, und zwar von Anfang an. Wir sind auf die Welt gekommen, um diese Aufgaben im Leben zu lösen. Das schmerzhafte Kapitel haben wir in unserer Kindheit abgeschlossen, es gilt nun, loszulassen und uns den schönen Seiten des Lebens zuzuwenden. Zunächst ist unser zentrales Übungsfeld, Zugang zu den Phasen der inneren Isolation zu erhalten. In Zeiten des Bewusstseins und des inneren Zugangs ist zu empfehlen, Brücken zu den Phasen der Isolation zu bauen. Diese können so aussehen, dass wir uns Briefe der Liebe und Annahme schreiben, dass wir ein Plakat malen mit Dingen, die unser Herz bewegen, dass wir Musik aufnehmen, die uns besonders berührt und gefällt. Wir haben dann die innere Vereinbarung zu treffen, in den Phasen der Isolation zuzulassen, dass wir die Briefe lesen, das Plakat anschauen oder die Musik hören. „Natur heilt“. Mit diesem Bewusstsein gilt es, in Wald und Flur Entspannung und innere Einkehr zu halten, dabei bewusst zu hören, zu riechen, zu sehen, zu fühlen und, je nachdem, zu schmecken. Ziel ist das „Wiederfühlen“ und das bedarf des *Vertrauens*. Uns scheint das Risiko zu vertrauen untragbar, zu groß war und ist der Schmerz des Vertrauensverlustes. Da wir zudem bisher für das Beschreiten unseres Lebensweges sehr auf Verstand und Vernunft gesetzt haben, können wir uns etwas anderes gar nicht vorstellen.

Hilfreich ist in diesem Zusammenhang die Visualisierung von entstehender Wärme und Geborgenheit mit anschließendem Aufgehen unserer guten Gefühle. Dazu suchen wir uns einen ruhigen Platz, an dem wir nicht gestört werden. Nach eigenem Rhythmus visualisieren wir dazu jeden einzelnen Satz und fühlen, was geschieht.

Übung:

Wir stellen uns vor, wir sitzen am dunklen Morgen fröstelnd am Strand und schauen hinaus aufs Meer.
Mit einem Mal erkennen wir an der Rötung des Horizontes, dass die Sonne gleich aufgehen wird.
Wir atmen die erste Morgenröte in uns ein, wir spüren, wie sich unser Körper belebt.
Wir vernehmen andererseits das Rauschen des Meeres, das uns wiederum die Kühle spüren lässt.
Die Morgenröte strahlt nun heller und heller, ohne dass die Sonne sichtbar ist, und wir atmen die zunehmende Helligkeit in uns ein.
Wir fühlen, wie unser Körper allmählich wärmer wird.
Konzentrieren wir uns nun wieder auf das Meeresrauschen, spüren wir erneut fröstelnde Kühle.
So lassen wir für ein paar Minuten im Wechsel in uns durch die Vorstellung der Morgenröte Wärme entstehen und durch das Meeresrauschen Kühle.
So wächst in uns nun die Erwartung, bleibende Wärme und kuscheliges Geborgensein in uns auf Dauer fühlen zu können.
Wir fühlen uns als dieser Welt zugehörig und sind bereit, die kosmischen Gaben dazu anzunehmen.

In unserer Vorstellung blicken wir zum Horizont und sehen die Sonne aufgehen.
Wir lassen die Freude zu, die in uns entsteht, weil wir dankbar sind, diese wunderbare Energie in uns aufnehmen zu können.
Wir fühlen eine unendliche Verbundenheit mit dem Kosmos, seinen Gestirnen und der vor uns in voller Größe leuchtenden Sonne.
Wir fühlen die Wärme, das kuschelige Gefühl von Geborgenheit, die von der Sonne ausgeht.
Die Sonne geht auf, und wir fühlen, wie unsere guten Gefühle in uns aufgehen. U N D wir spüren nach, empfinden Gefühle von Freude, Sinnlichkeit, Dankbarkeit, Liebe ...
Wir danken mit den Worten: „Ich danke dem Kosmos für seine unendliche Liebe, die in mir ist und der ich immer vertrauen kann."

Sind wir in Partnerschaften, können wir über „Sensitivübungen" wieder fühlen lernen. Bei diesen Übungen streicheln wir den Partner und werden von ihm gestreichelt, am Anfang ohne sexuelle Berührungen. Wir lassen uns dazu Zeit. Wir tun nur das, was wir wollen, und sagen unserem Partner, was wir gern hätten. Selbst wenn nichts geschieht, wir nur innehalten, fühlen wir bewusst nach, was in uns abläuft. Am Ende der Übungen bedanken wir uns bei unserem Partner.

(Buchempfehlung hierzu: Maria M. Kettenring, Erotische Partnermassage)

Ein wichtiges Feld der Heilung besteht im „Verstehenlernen". Dazu ist es notwendig, dass wir undogmatisch von den eigenen Meinungen und Einstellungen loslassen können. Wir machen uns auf, uns selbst zu verstehen, indem wir besonders auf unsere Gefühle achten und sie nach unserer Wahrnehmung benennen. Im nächsten Schritt stellen wir uns auf unsere Mitmenschen ein und sind bestrebt, ihre Bedürfnisse und Interessen zu verstehen. Indem wir uns selbst und andere verstehen und auch lernen, sie so anzunehmen, wie sie sind, verstärken wir unsere Kräfte des Vertrauens in uns und andere und damit für das Leben. (Mehr zum Thema „Verstehen" im Kapitel: Wege ins „Wir")

Angst und Selbstvertrauen

Ich weiß mich zu verstehen

Angst ist ein lebensnotwendiges Gefühl, denn ohne Angst könnten wir auf dieser Welt nicht bestehen. Wie alle Gefühle entspringt auch die Angst der Intuition und sie ist Ausdruck einer Bedrohung, der wir uns zu stellen haben. Die gesunde Angst mahnt uns in realen Situationen zur Vorsicht, so dass wir keinen Schaden erleiden. So erleben wir Phänomene der Angst als gesund, wie z. B. Höhenangst im Hochgebirge. Tritt diese auf, werden wir uns vor dem Absturz sichern. Angst vor Schlangen: Sie verhindert, dass wir uns ihnen arglos zuwenden und nicht von einer giftigen Schlange gebissen werden. Angst in der Dunkelheit in unbekannten verwinkelten Gassen: Sie sorgt dafür, dass wir solche Gänge meiden oder dass wir uns mit entsprechenden Hilfsmitteln, z. B. einem Pfefferspray, ausrüsten.

Die natürlichen Abwehrmechanismen bei Angst sind Flucht oder Angriff, je nach Situation und innerem Impuls. Bei der krankhaften Angst, die ohne reale Bedrohung auftritt, reagieren wir im „Du"-Stadium unwillkürlich mit Flucht, im „Ich"-Stadium mit Angriff. Erleiden wir solcher Art Angst im „Du", werden wir reale und angenommene Ereignisse in unserer Umwelt als bedrohlich einstufen und uns zurückziehen. Wir werden misstrauischer und in unseren Urteilen immer subjektiver, bis hin zum vollkommenen Realitätsverlust. Leiden wir an krankhafter Angst und befinden uns im „Du", nehmen wir bewusst/unbewusst eine Opferhaltung an. Wir sehen überall nur Probleme, beziehen sie auf uns und beklagen, wie schlecht das Schicksal uns doch in diesem Leben mitspielt.

Erleiden wir krankhafte Angst im „Ich", werden wir sie durch Angriff ausagieren, weil wir glauben, die Bedrohung durch Handeln bewältigen zu können. Junge Menschen, vor allem junge Männer, die unter Angst leiden, schließen sich gerne in Cliquen zusammen. Sie zelebrieren Rituale der Verbundenheit und Hingabe für die gemeinsame Sache, pflegen martialisches Verhalten nach außen. Alle rechtsradikalen Gruppen gehören im Grunde dazu sowie Gruppen und Verbindungen, die sich als fundamentalistisch verstehen, vor allem im religiösen Bereich. Angst, die ausagiert wird, erleben wir aggressiv, im privaten wie im öffentlichen Bereich – privat, der Nachbar, der stets mit uns Händel haben muss, ohne einen realen Grund zu haben, oder öffentlich Hooligans, die zumeist hochalkoholisiert vor oder nach Fußballspielen „zum Kampf aufrufen."

Leiden wir an nicht natürlichen Formen der Angst sowohl im „Du" als auch im „Ich", verlieren wir zunehmend an Vertrauen in uns selbst. Aus mangelndem bzw. schwindendem Selbstvertrauen ziehen wir uns im „Du" immer mehr zurück. Im „Ich" reagieren wir zunehmend unberechenbarer und aggressiver. Im Gegensatz zum Selbstwert, den wir uns selbst beimessen und der uns Probleme bereitet, wenn wir ihn als zu gering oder als übersteigert empfinden, (ent-)steht und fällt Selbstvertrauen mit gemachten Erfahrungen. Selbstwert und Selbstvertrauen sind die wichtigsten Einflussfaktoren für unser Selbstbewusstsein. Das Selbstbewusstsein drückt aus, wie schon das Wort sagt: sich seiner selbst bewusst sein. Sind wir uns unseres Geistes bewusst? Werden wir dirigiert vom Verstand mit seiner endlichen Einsicht oder lassen wir uns von der Intuition führen? Sind wir uns unserer Seele bewusst? Ist es uns möglich, Gefühle als Orientierung gebende Navigatoren durch das Leben einzusetzen, oder sehen wir uns unseren Gefühlen hilflos ausgeliefert? Sind wir uns unseres Körpers bewusst? Nehmen wir wahr, was und wie unser Körper ist? Sorgen wir für Befriedigung unserer natürlichen Bedürfnisse nach Schlaf, Nahrung, Hygiene, Bewegung usw. in benötigtem Maße oder legen wir keinen Wert darauf? Wir sind in dem Maße stimmig und authentisch, je höher unser ganzheitliches „Selbstbewusstsein" ausgebildet ist. Wir sehen, wie Selbstwert, Selbstvertrauen und Selbstbewusstsein in unterschiedlichem Maß ausgeprägt sein können, dass dennoch ein innerer Zusammenhang besteht und dass Fortschritte bei einer Funktion des Selbst automatisch Fortschritte bei den anderen zur Folge haben.

Kehren wir zur Betrachtung des Entstehens und des Abbaus von Selbstvertrauen zurück. Für das Sammeln von Erfahrungen, die uns die unnatürliche Angst bescheren, haben wir vor und zu Beginn unseres irdischen Lebens und in der anschließenden Kindheit keine Wahl. Bereits im Mutterleib vermitteln sich dem werdenden Kind Gefühle, die es von Grund auf prägen. Geht eine Mutter liebevoll mit sich und dem werdenden Kind um, achtet sie auf gute Ernährung, meidet alle Süchte, die das werdende Kind schädigen könnten, wächst im Mutterleib ein Kind heran, das mit dem Grundrüstzeug an Ur-Selbstvertrauen ausgestattet ist. Alle anderen Impulse, die nicht pro Kind sind, verunsichern, beeinträchtigen das Selbstvertrauen, bevor das Kind geboren wird. Die Zeit unmittelbar nach der Geburt ist elementar für den Erhalt des Selbstvertrauens. Erleben wir eine „kalte" Geburt in steriler Atmosphäre mit dem berühmten Klaps auf den Po und anschließendem Waschen, von extremeren Anfängen ganz zu schweigen, kann der Anfang gemacht sein für einen lebenslangen Mangel an Selbstvertrauen. Erleben wir die „sanfte" Geburt mit nahtlosem Übergang – aus dem Mutterleib – auf den Mutterleib und werden dann ohne Unterbrechung unseres Wohlgefühls angelegt, ist die Basis gelegt für ein natürliches Angstempfinden und für Selbstvertrauen im weiteren Verlauf des Lebens. Bleibt in den verschiedenen Phasen der Kindheit die Kontinuität der liebevollen Zuwendung gewahrt und werden wir in den jeweiligen Entwicklungsstadien unseren Fähigkeiten und Möglichkeiten entsprechend gefordert und gefördert, haben wir die besten Voraussetzungen für den Erhalt und den weiteren Aufbau eines gesunden Selbstvertrauens.

Ich kann mir helfen

Praxisbeispiel

Eine Klientin war während der Trennungszeit von ihrem Mann in therapeutischer Behandlung. Sie war mit einem 15 Jahre älteren Mann mittlerweile 20 Jahre verheiratet. Sie bezeichnete ihre Ehe als „verbraucht". Zu Beginn war sicher ein Liebesgefühl vorhanden gewesen, doch seit nunmehr ca. 5 Jahren lebte sie ein Leben aus zweiter Hand, sah sich und ihre Bedürfnisse in der Ehe nicht mehr befriedigt. Eheberatungen brachten vorübergehende Ruhezeiten, ihre innere Stimme jedoch vermittelte ihr beständig, die Ehe zu beenden. Die Töchter waren 18 und 20 Jahre alt, die eine im Abitur, die andere in einer Ausbildung. Als sie in die Praxis kam, sagte sie, dass sie die Ehe beenden wolle, es aber nicht schaffe, da sie bei dem Gedanken an Trennung eine unerklärliche Angst überfalle.

Die Rückschau ergab, dass ihre Mutter sie nicht ausreichend stillen konnte. Weil sie die Schreie des Säuglings nicht ertragen konnte, ging sie einige Stunden aus dem Haus und ließ das schreiende Kind alleine. Sie beschrieb nun in der Praxis ihre Verlassenheitsängste, die sie zeit ihres Lebens begleiteten. Ihrer Bedürfnisse konnte sie sich nie richtig bewusst werden. Glaubte sie ein Bedürfnis zu haben und strebte dessen Befriedigung an, gelang ihr das nur sehr selten. Gleichsam frustrierend empfand sie ihre Ehe. Nach ihren Worten hatte ihr Mann sie gewollt, sie war damals 25, er 40. Er war Anwalt in gesicherten Verhältnissen, was ihr damals imponierte und ihr eine existenziell gesicherte Zukunft versprach. Ein Kind war unterwegs, ungewollt, was für sie letztlich den Ausschlag gab zu heiraten. Ihre schönste Zeit war, als die Kinder klein waren. Sie identifizierte sich mit ihnen, gab ihnen alles, was sie geben konnte, war, wie sie sich selbst bezeichnete, eine rundum zufriedene „Glucke“. Sie war immer und überall für ihre Kinder da. Als die Kinder groß wurden und sich ihrer Fürsorge mehr und mehr entzogen, sah sie sich mit einem Male der Angst ausgesetzt, dass ihren Kindern ohne ihr Zutun was passieren könnte. Sie kontrollierte daraufhin ihre Kinder bei allem, was sie taten, was zu großen Konflikten führte und dazu, dass sich die Kinder, soweit sie es konnten, von ihr zurückzogen.

In der Ehe selbst erlebte sie sich mit wenig Selbstvertrauen. Sie war mit sich unzufrieden, wenn sie schon in den Spiegel schaute: zu klein, zu dick, zu dumm – überhaupt nicht liebenswert. Gab es z. B. Gäste oder sonstige Anlässe der Repräsentation im Kleinen wie im Großen, überfielen sie vorher Ängste, die dazu führten, dass sie regelmäßig vorher krank wurde. Gelang es ihr nicht, wie sie sagte, sich zusammenzureißen, erfolgten Absagen, worüber es zu heftigen Auseinandersetzungen mit ihrem Mann kam.

Parallel zu ihrem Entschluss, die Ehe zu beenden, kam sie nun in die Therapie. Sie hatte ihrem Mann bereits gesagt, dass sie nicht mehr in der Ehe bleiben wolle. Sie wollte nunmehr unabhängig sein, sich um nichts weiter mehr kümmern müssen als um sich selber. Die Ambivalenz ihres Vorhabens zeigte sich darin, dass das Besprechen des ersten Schrittes für ein solches „Unabhängigmachen" ihr sofort Angst einjagte.

Der Therapieplan sah nun zweierlei vor:
1. Heilung des frühkindlichen Traumas der Verlassenheit
2. Schritte aus dem „Du" ins autonome „Ich"

Der Verlauf vollzog sich in 3 Phasen, wie er bei solcherart Prozessen typischerweise zu beobachten ist. Dabei sind die Phasen nicht deutlich voneinander abgetrennt, sie können unterschiedlich lang sein und sich auch wiederholen.

1. Trotzphase

Die Klientin sagte zu den sie bisher abhängig haltenden Kräften: Nein! Ich bin nicht mehr bereit, unter den bisherigen Bedingungen zu leben. Ich werde standhalten gegenüber bester Überredungskunst, Tränen der Trauer, dem Suggerieren von Schuldgefühlen usw.

In der Trotzphase empfinden wir Angst und spüren Gefahr, obwohl diese rein objektiv nicht vorhanden ist. Es besteht auch eine Tendenz zu psychosomatischen Reaktionen, seelische Vorgänge versuchen, sich einen Ausweg über das Körperliche zu verschaffen. Wir realisieren für uns, dass die Vergangenheit abgeschlossen ist, wir uns nun in der Gegenwart befinden und im im Hier und Jetzt die verantwortliche Entscheidung für eine Zukunft aus freien Stücken wählen. Es treten Tendenzen auf wie: Es soll schnell wieder alles in Ordnung kommen oder: Das, was war, war nicht toll, doch was erwartet mich? Wir halten nun an unserem Vorhaben der Änderung unverbrüchlich fest, durchleben die Gefühle der Angst, visualisieren gleichzeitig unsere Zukunft, erschließen uns im therapeutischen Gespräch unsere Bedürfnisse und stellen uns vor, diese befriedigt zu bekommen.

2. *„Du-Ich"-Phase*

In dieser Phase wurde die Klientin unmittelbar mit der Tatsache der gescheiterten Beziehung konfrontiert. Die Unmittelbarkeit der Tatsache korrespondierte mit dem Gefühl der Verlassenheit durch die Mutter in der beschriebenen frühen Kindheitsphase. Die Trauer darüber drückte sich in großem Leid und Schmerz aus und verschaffte sich Erleichterung über eine scheinbar unversiegbare Flut von Tränen.

Solcherart Stressreaktionen wechseln sich in der „Du-Ich"-Phase mit Zeiten der Leere ab, gepaart mit dem Wunsch des emotionalen Rückzugs. In dieser Zeit erscheint es uns, als verlören alle Orientierungspunkte des Lebens ihre Wirkung und der alltägliche Bezugsrahmen löse sich auf. Wir glauben zeitweise, den sich aus dem inneren Erleben ergebenden Belastungen nicht mehr gewachsen zu sein.

Gleichzeitig mit unserem Schmerz wächst das Verlangen, ihn als Teil von uns anzunehmen und zu integrieren, und wir spüren zunehmende Kräfte, die uns die Zuversicht vermitteln, mit der Situation fertig zu werden.

3. *Phase des Eintritts ins „Ich"*

Hier werden nun unsere natürlichen Selbstheilungskräfte geweckt. Angst aus dem Verstand und die Zuversicht aus der Intuition liefern die Argumente für den inneren Dialog. Im Übergang von Phase 2 zu Phase 3 versucht der Verstand mit der Intuition Kompromisse zu schließen. Die Klientin schloss zu Beginn der Phase Kompromisse derart, dass sie gewillt war, sich räumlich vom Partner zu trennen, dennoch weiterhin im Haushalt für ihn zu sorgen. Eine Zeitlang rang sie mit sich, von ihm getrennt zu sein und trotzdem mit ihm unter einem Dach zu leben. Schuldgefühle spielten zusätzlich eine Rolle. Sie sah sich anfangs als Schuldige an, da sie befürchtete, wenn sie ihren Mann nun verließe, er darüber sterben müsse.

Andererseits empfand sie positive Gefühle aus der visualisierten Freiheit und der damit verbundenen Selbstverwirklichung. Mit der Zeit erfolgte dann die Klärung, die in der Erkenntnis mündete, dass die Verantwortung für das Leben schließlich nur jeder für sich selbst zu übernehmen hat.

Die Klientin durchlief diese Phasen über einen Zeitraum von ca. 3 Monaten. Anschließend reichten sie und ihr Partner die Scheidung ein. Sie suchte sich eine eigene Wohnung. Ihr Verhältnis zu den Töchtern normalisierte sich und sie genoss erstmals ihre Freiheit. Sie suchte sich eine Beschäftigung als Verkäuferin im Textilhandel. In einem Abschlussgespräch bekundete sie, dass sie im Grunde nie geglaubt hätte, dass zu erreichen, was sie jetzt erlebte. Dennoch, als der Prozess der Trennung einmal angelaufen war, erfolgte er aus ihrer Sicht in logischer Abfolge. Auch wenn sie ihn teilweise als sehr schmerzhaft beschrieb, war sie nun glücklich, ihn bewältigt zu haben. Im Grunde gab es keine Alternative dazu, außer das Weiterführen eines Lebens in ständiger Angst und mangelndem Selbstvertrauen.

Wir sehen also, dass in solcherart Prozessen Wachstum und Bereicherung stecken. Unsere Sinne sind geschärft. Wir sind in der Lage, die Welt mit anderen Augen zu sehen. Bedürfnisse, die wir nie glaubten befriedigt zu bekommen, können wir mit einem Mal ausleben. Wir verändern, erneuern unsere Beziehungen, fühlen eine schöpferische Kraft in uns. Themen, die wir lange im Unbewussten festhielten, erhalten die Möglichkeit, aus dem Schatten herauszutreten und in unsere Persönlichkeit, in unser gesundes Ich, integriert zu werden. Ein gesundes Ich, das Erlangen der Autonomie, eröffnet uns dann folgerichtig die Perspektiven für den Weg ins „Wir". Was bis dahin unglaublich schwer erschien, gar unmöglich, erweist sich dann als zwangsläufig: der gemeinsame Weg ins „Wir" mit einem geliebten Partner.

Rollen, die wir einnehmen

Ich weiß mich zu verstehen

Verhaltensmuster in „Du"/„Ich"-Stadien gleichen Rollen, die je nach Situation nach dem gleichen Schema ablaufen. Mögen diese Rollen uns im Grunde auch nichtgut tun, weil wir spüren, dass sie nicht unserem „wahren" Selbst entsprechen, verschaffen sie uns doch eine „gewisse" Identität und geben uns Halt und Orientierung. Rollen, die wir innerhalb unserer Beziehungen einnehmen, gleich welcher Art, hindern uns daran, authentisch zu sein, da wir aus einem Rollenverhalten und nicht aus unserem wahren Selbst heraus handeln. Fehlende Selbstliebe und mangelndes Vertrauen zum Leben der Intuition und unseren wahren Gefühlen erzeugen Angst. Wir flüchten daher förmlich in Rollen. Ohne sie wäre unsere Angst diffus und damit nicht aushaltbar, durch sie erhalten wir Projektionsflächen, über die wir uns abreagieren können. Rollen sind die konsequente rationale Festlegung eines anderen Kurses als dessen der Intuition. Damit ist die Rolle die Festlegung einer Richtung im anderen Koordinatensystem, die nicht der inneren Nordrichtung entspricht und uns beständig falsch laufen lässt. Dennoch leben wir unsere Rollen mit einer Fantasie, als seien sie für alle Beteiligten der richtige Weg. Wir unterliegen so einer uneingestandenen Dauerschädigung unseres Körper-, Seele-, Geistsystems und halten unter Umständen an desolaten Beziehungen mit der Überzeugung fest, dass wir nur so unsere Mitmenschen und uns damit zufrieden stellen können.

Rollenverhalten wird bereits in der Kindheit eingeübt. Als Kinder haben wir ein Grundbedürfnis: von unseren Eltern geliebt zu werden. Wie Seismographen nahmen wir alles wahr, was das „Liebegeben" der Eltern eintrübte. Jede Eintrübung signalisierte uns die Gefahr des Liebesverlustes. Weil wir die Eintrübungen in ihren Dimensionen nicht abschätzen konnten, übernahmen wir einfach für alles die Verantwortung, was an Vorgängen Liebesverlust bedeutet hätte. So beobachteten wir genau, wenn sich Mutter und Vater stritten. So waren wir selig, wenn sie sich einig wurden und wieder Frieden und Harmonie herrschten. Spürten wir eine Eskalation der Auseinandersetzung, überlegten wir instinktiv, was wir machen könnten, den Familienfrieden wieder zu retten. Zerbrachen wir z. B. eine Tasse, wollten wir unbewusst die Aufmerksamkeit auf uns ziehen, damit wir zum Ventil für den Ärger werden konnten. Wir wollten damit bezwecken, dass Mutter und Vater von ihrem Konflikt abließen. Wir bekamen dann zwar den Unmut zu spüren, je nachdem auch handgreiflich, doch das war es uns wert. Wir verspürten Genugtuung darüber, dass wir die Familie und damit die Aussicht auf elterliches Liebegeben gerettet hatten. Funktionierte unser Verhalten, war unsere Rolle als *Sündenbock* geboren.

Die Rolle als Familienclown verfestigte sich dann, wenn wir die Familienharmonie durch „Blödsinnmachen" retten wollten.

Mit der Rolle *„unsichtbares Kind"* trugen wir die Verantwortung für alle Eintrübungen, die in der Familie vorkommen konnten, und wir glaubten, wenn die Eltern uns gar nicht wahrnahmen, dass es auch zu keinen Eintrübungen mehr kommen konnte.

Als Kinder übernahmen wir Rollen in dem Bestreben, Liebe und Harmonie zu retten. Das Ergebnis davon war, dass sich die eingenommene Rolle verfestigte, ohne dass wir unser angestrebtes Ziel erreichen konnten. Rollen in der Kindheit, wie überhaupt alle Rollen, stellen somit den Versuch einer Kompensation dar, die, weil sie einer Illusion folgen, von vornherein zum Scheitern verurteilt ist.

Leben wir Rollen, gehen wir über unsere wahren Gefühle hinweg. In der Rolle verselbständigt sich das Verhalten, das einem Wunschdenken entspringt und uns somit niemals befriedigen kann. Folgen davon können sein, dass wir uns innerlich leer fühlen, gefühlstaub werden oder permanent unzufrieden sind.

Wie bei Kindern verfestigt sich das Rollenverhalten bei Erwachsenen aus der Sehnsucht nach Liebe und stellt somit eine Kompensation zu ihrem Erlangen dar, was häufig nicht auf den ersten Blick erkennbar ist. Typische Rollen im „Du" sind u. a. der Hilflose, der Über-Fürsorgliche und der Aufopferer, im „Ich" u. a. der Starke und der Zuchtmeister.

Wie wirkt sich Rollenverhalten auf unsere Seele und unseren Körper aus? Da die Rolle ein rationales Konstrukt ist, gehen wir bei ihrem Ausagieren automatisch über für uns lebensnotwendige Bedürfnisse und Gefühle hinweg. Außerdem liegen dem Rollenverhalten Verdrängungen zugrunde, die uns ihre Impulse, insbesondere in Form von Angst, häufig dann gewahr werden lassen, wenn wir sie gar nicht brauchen. Haben wir z. B. Angriffe auf unseren Selbstwert verdrängt, etwa dass wir aus bestimmten Gründen nicht liebenswert seien, werden wir unbewusst sehr viel Energie dahinein investieren, um den Anschein des Liebenswerten zu erzeugen. Als Kompensation kann dann das Rollenverhalten als „Aufopferer" dienen. Wir möchten mit unserem Verhalten die Anerkennung erhalten, von der wir glauben, dass sie uns nicht zusteht.

Durch die fehlende Bereitschaft, unseren verdrängten Anteil zu integrieren, sind wir nicht in der Lage, in authentischer Weise auf Situationen in Beziehungen zu reagieren, selbst wenn wir uns dies vornehmen. In erster Linie reagieren wir über unser Unbewusstes auf Geschehnisse. Selbst wenn wir unsere Worte in Reizsituationen kontrollieren, wird unser nonverbales Verhalten etwas anderes ausdrücken als das, was wir sagen, was zur Verunsicherung von uns selbst und unseren Mitmenschen führt. Die Verunsicherung aus der gefühlten Inkongruenz kann dazu führen, dass wir spezielle Ängste entwickeln, z. B. Ängste vor Menschen, Angst, rot zu werden, Redeangst oder Versagensangst, häufig verbunden mit Symptomen wie Schwitzen, Stottern oder Schwindel.

Rollenverhalten engt das Erlebenspotenzial erheblich ein. Erlebnisse, und seien sie noch so schön, erleben wir in Rollen vom Kopf her, ohne an unsere tatsächlichen Gefühle zu kommen. Vielleicht gelingt es uns, dass wir positiv über eine Begebenheit denken und sprechen, die Gefühlsregungen dazu bleiben allerdings aus. So unterliegen wir dem Zwang des Rollenverhaltens, den wir irgendwann als „normal" rationalisieren und unseren Mitmenschen mangels Unfähigkeit zur Änderung als „unsere Persönlichkeit und Authentizität" anbieten.

Der Teufelskreis von Rollenverhalten in Beziehungen besteht darin, dass wir immer mehr in unsere Rolle flüchten, je belasteter und schwieriger sich unsere Beziehungen gestalten. Rollenverhalten ist somit gleichzeitig Ursache und Wirkung von schwierigen Beziehungen. Fixiert auf das Rollenverhalten erfolgen Beziehungskonflikte bei beiden Partnern auf verschiedenen Bewusstseinsebenen, die ein Verstehen unmöglich machen. Somit reiht sich Konflikt an Konflikt, ohne in irgendeiner Form eine befriedigende Lösung zu erzielen. Ohne Streitkultur, die Raum und Respekt für den anderen lässt, können Konflikte sehr ausarten. Beleidigungen, abschätzige Bemerkungen, bis hin zu Handgreiflichkeiten müssen immer wieder aufs Neue ausgehalten werden. Wir sind dann tief verletzt und enttäuscht vom anderen, in einigem Abstand aber auch von uns, was wir aber sehr schnell wieder verdrängen. Nach dem Motto – Was nicht sein kann, das darf nicht sein – werden die Anlässe für Konflikte ausschließlich dem Partner angelastet, man sieht sich selbst bestenfalls als Opfer, das gewissermaßen in Notwehr handelte. In einer Rolle ist die Auseinandersetzung mit der eigenen Person und die Bereitschaft, den eigenen Anteil an den Konflikten zuerst einmal bei sich selbst zu suchen, nicht möglich. Der Verstand rationalisiert das eigene Verhalten als vernünftig, was wir aus Selbstschutz natürlich nicht in Frage stellen.

Ich kann mir helfen

Mit dem Partner daranzugehen und das Verhalten auf eine Ebene zu bringen, die Verstehen zulässt, ist ein gewaltiger Schritt auf dem weiteren Weg ins „Wir". Das bedeutet, bereit zu sein, sich anzunehmen und

Verantwortung für das Rollenverhalten zu übernehmen, Verdrängungen zu bearbeiten und eine verstehende Haltung zum Partner zu erlangen.

Anhand folgender Praxisbeispiele wollen wir typische Rollen im „Du“ und „Ich“ betrachten und nachvollziehen, wie es gelang, auf den Weg ins „Wir“ zu gehen.

Praxisbeispiele

Rollen im „Du“

Der Hilflose

Bis zu ihrem Tod verbrachte ein Klient mit seiner Frau 25 Ehejahre. Die Ehefrau hatte die Rolle der Starken und er die Rolle des Hilflosen eingenommen. Er litt schon, „solange er denken konnte“, unter Depressionen und sah sich beruflich überfordert. Therapien halfen ihm nicht weiter, da er nicht glauben wollte, dass die Erkenntnisse *ihm* helfen könnten. Seinen Seelenzustand hielt er für einmalig, so wie es ihm ging, so ging es keinem anderen. Im Übrigen sah er überhaupt keine Veränderungen zum Guten. So fühlte er sich ausweglos gefangen in seinem Zustand.

Er kam doch noch einmal in die Praxis, weil ihn Schuldgefühle peinigten, nämlich, dass er mit seinem hilflosen Verhalten schuldig am Tod seiner Frau sei, er sie sozusagen in den Tod getrieben habe. Das Schuldgefühl wurde zudem vergrößert, weil er sich durch den Tod der Frau befreit vorkam, was er gar nicht ertragen konnte.

In der therapeutischen Arbeit gewann er die Einsicht für sein Rollenverhalten, das in der Einstellung zu seinen Eltern begründet lag. Die bestand darin, dass er sich nie getraut hatte, seine Bedürfnisse zu zeigen. Unannehmlichkeiten galt es, alleine durchzustehen. Wenn er Angst hatte oder unsicher war, wurde er angewiesen, sich nicht anzustellen. Die Eltern stellten Ansprüche an ihn, er solle brav und gesittet sein, so dass andere Menschen einen guten Eindruck von ihm hätten. Gelang ihm die Anpassung nicht, passte er nicht in das elterliche Schema. Die Eltern vermittelten ihm durch ihre abweisenden Reaktionen das Gefühl von Unzulänglichkeit und Unvollkommenheit. In seiner Sehnsucht nach Annahme und Liebe bemühte er sich durch ein Verhalten, das geprägt war von Selbstaufgabe und Selbstverleugnung, den elterlichen Normen zu entsprechen.

Somit verkörperten die Eltern eine Autorität, die er nie gewagt hätte in Frage zu stellen. Erst die Einsichten in die Zusammenhänge des Du-Ich-Wir-Kontinuums verschafften ihm den Raum, zu erkennen, dass seine Eltern in ihrem Leben nicht ihrer Intuition, sondern einem anderen Koordinatensystem aus Normen, Geboten und Verboten gefolgt waren. Die Arbeit zum Hören der Stimme der Intuition und das Wahrnehmen von „intakten“ Gefühlen eröffneten ihm bisher nicht gekannte Möglichkeiten pro-aktiven Verhaltens.

Indem es ihm gelang, sich selbst anzunehmen und gefühlsmäßig die Liebe zu sich selbst zu gewinnen, konnte er von verinnerlichten Routinen loslassen. So schaffte er es, davon loszulassen, anderen in ihren Ansprüchen nach Anpassung und Wohlverhalten entsprechen zu müssen. Indem er die Verantwortung für sich, seine Gefühle und sein Verhalten übernahm, erschloss sich ihm auch die Einsicht für sein Verhalten in der Ehe. Er spürte seinem Verhalten nach und erkannte, dass er so seiner Frau unbewusst die Führungsrolle übertragen hatte. Im unbewussten Bestreben, die Liebe seiner Frau nicht zu verlieren, war er in der Abhängigkeit verharrt. Durch Übernahme der Verantwortung für sein „Sosein“ und der zwangsläufigen ehelichen Routinen, die sich daraus ergaben, gelang es ihm, die Hilflosigkeit zu überwinden. Er errang die Handlungsfähigkeit zurück, was er wie ein Wunder empfand. Obwohl er nun so alt war, erlebte er sich ganz neu. Ihm wurde bewusst, dass ihm das schon vorher hätte gelingen können. So sei es nun, wie er meinte, „im jungen Alter“, also auf keinen Fall zu spät, und er wolle mit der errungenen inneren Freiheit in Zukunft das Beste daraus machen.

Ein Klient, ein mehrfacher Familienvater, hatte die Rolle des Über-Fürsorglichen, des Aufpassers gegenüber seinen Kindern übernommen. Sein Bemühen drückte er mit folgenden Worten aus: „Mein Bestreben ist es immer, dass den Kindern nichts passiert und dass sie wohlbehütet und sicher durch das Leben kommen“. So hatte er alles reglementiert, damit die Kinder, einschließlich er selbst und seine Frau, stets einen festen Bezugsrahmen zur Orientierung hatten. Wenn er z. B. vor einem Familienausflug damit rechnete, dass es regnen würde, zwang er alle, sich Regenjacken anzuziehen, obwohl es dazu eigentlich viel zu warm war. Wenn sie in Parks oder Waldstücken liefen, durften sie nicht so laufen, wie sie wollten, sondern mussten sich genau an die Anweisungen des Vaters halten. Er setzte sich und alle anderen Familienmitglieder so unter Druck, dass niemand mehr Freude verspürte. Seine Frau und seine Kinder vermieden es so weit wie möglich, irgendetwas Gemeinsames mit dem Vater zu unternehmen. Statt Nähe spürte er, dass sie vor ihm das Weite suchten, was ihn sehr schmerzte.

In der therapeutischen Arbeit gelang es ihm zu erkennen, dass sein Muster der Unterdrückung der Angst entsprang. Die zugrunde liegende Angst hatte er von seiner Mutter übernommen. Er erinnerte sich, dass seine Mutter Angst vor der Zukunft hatte. Bereits ihre Eltern hatten ihr ein Bewusstsein von „Vertrauen ist gut, Kontrolle ist besser“ vermittelt. Er erlebte seine Mutter in Beziehung zu ihren Eltern immer in einer Rechtfertigungshaltung. Als Kind wurde sie von ihrem Vater immer wieder geschlagen, z. B., weil er vermutete, dass sie mit falschen Freunden verkehrte.

Das führte bei ihr zu einem äußerst kontrollierenden Verhalten. Sie hatte Angst, Fehler zu machen, und wollte auch ihren Sohn davor schützen, indem sie überfürsorglich alles kontrollierte, was er tat. Und eben diese Angst übertrug sich nun auf ihn.

Aus den Zusammenhängen des Du-Ich-Wir-Kontinuums konnte er ableiten, dass sein Verhalten in der Weitergabe von Ängsten über Generationen hinweg begründet lag. Sein Verhaltensmechanismus bestand darin, dass er „Angst vor der Angst" der Mutter hatte. Denn in den Situationen, in denen die Angst der Mutter präsent war, fühlte er sich besonders ausgeliefert. In Sehnsucht nach der Liebe der Mutter wäre er in solchen Situationen bereit gewesen, für sie „alles" zu tun, nur damit sie ihn wieder lieb hatte. So passte er sich im Sinne des vorauseilenden Gehorsams an die Situationen an, so dass sie gegenüber der Mutter nichts Angstauslösendes erzeugen sollten und er ihrer Liebe immer gewiss sein konnte. Es kam dadurch zu „Double Bind"-Effekten. Mit anderen Worten, was er tat, war falsch, bewirkte das Gegenteil seiner „guten" Absicht. Einmal war er auf dem Weg von der Schule nach Hause hingefallen und hatte sich das Knie blutig gestoßen. Er bat seinen Freund, zu seiner Mutter zu gehen, um ihr zu sagen, dass er später nach Hause komme. Sie brauche sich aber keine Sorgen zu machen, es sei alles in Ordnung. Das Besondere, dass ein Freund zu ihr kam und sie vorwarnte, dass ihr Sohn später kommen würde, verunsicherte die Mutter auf das Tiefste. Als er dann nach Hause kam, fand er sie voller Unruhe und aufgelöst, und als sie sein Knie sah, fing sie zu zittern an. Sie igelte sich innerlich förmlich ein, war in keiner Weise zu beruhigen, was ihn in größte Verzweiflung stürzte. Die Folge: Am nächsten Tag brachte sie ihn zur Schule und holte ihn wieder ab, wodurch er nun zum Gespött seiner Schulkameraden wurde, die ihn mit „Muttersöhnchen" titulierten.

Die Angst vor Liebesentzug sowie die „Angst vor der Angst" der Mutter entfernten ihn immer weiter von der Intuition. Er war im Grunde immer damit befasst, die Angst durch überfürsorgliches Verhalten zu unterdrücken.

Sein Weg bestand darin, Zugang zu seiner Intuition zurückzuerlangen. Je mehr es ihm gelang, die rationalen Verstrickungen „loszulassen", desto mehr löste sich auch seine Angst auf. Er konnte nun über seine große Trauer sprechen, dass er von seiner Mutter nicht die Liebe erfahren hatte, nach der er sich so sehr gesehnt hatte. Zutage trat auch der stille Groll, den er deswegen ihr gegenüber hegte. Sichtbar wurde auch das Schuldgefühl, das dem uneingestandenen Groll ihr gegenüber entsprang, welches er durch überfürsorgliches Verhalten seinen Kindern gegenüber zu kompensieren suchte. Durch den Transfer des Du-Ich-Wir-Kontinuums auf seine Biografie gelang es ihm, sich selbst seine bisherige Einstellung und das daraus resultierende Verhalten zu verzeihen. Die wahre Befreiung erlebte er allerdings, nachdem er seiner Mutter verzeihen konnte.

Sein Stück Weg ins „Wir" mit therapeutischer Unterstützung bewirkte, dass er sein überfürsorgliches Verhalten ablegen konnte und er von da an zusammen mit seiner Familie ein unbeschwertes Miteinander leben konnte.

Der Aufopferer

Eine Klientin litt an Morbus Crohn und kam in die Praxis, weil sie nach mehreren Darmoperationen der Empfehlung einer Freundin folgte, sich einmal psychotherapeutisch beraten zu lassen. Ihr Muster war, alles für die Familie zu tun. Zugleich hatte sie das Gefühl, unentbehrlich zu sein. Sie fühlte sich „gut", wenn sie für sich realisieren konnte, alles im Griff zu haben, und sie ihre Beiträge für das Wohlergehen der anderen Familienmitglieder leisten konnte. In der Firma ihres Mannes wurden Mitarbeiter betriebsbedingt gekündigt, und einem Zufall war es zu verdanken, dass ihr Mann bei dieser Welle nicht mit dabei war. Beide setzten nunmehr die Sicherung der Existenz an die erste Stelle und versuchten alles dafür zu tun, dass er seinen Arbeitsplatz in der Firma behalten konnte. So war es keine Frage, dass er in der Woche erhebliche Überstunden machte. Samstags und sonntags, wenn keine Mitarbeiter in der Firma waren, gingen beide an seinen Arbeitsplatz, um aufzuarbeiten, was aus beider Sicht aufzuarbeiten war. Gedanklich waren beide nur mit seiner Arbeit beschäftigt, bis ihr nach drei Monaten ein Krankheitsschub eine Zwangspause bescherte. Ihr Familienbild forderte von ihr, auch alles für ihre beiden Töchter, mittlerweile 14 und 18 Jahre alt, zu tun. Früher schon, während der Phasen von Kindergarten und Grundschule, begleitete sie die Kinder selbst, konnte kaum zulassen, dass mal eine Freundin oder Bekannte ihre Kinder mit abholte. So plante, organisierte und kontrollierte sie jeden Schritt ihrer Kinder, litt persönliche Qualen, wenn es aus ihrer Sicht nicht so klappte, wie sie es sich vorstellte. Ein Bekannter hatte ihr zum Geburtstag einen 14-tägigen Urlaub alleine auf Mallorca geschenkt. Die Familie freute sich für sie, und es wurde vor ihrem Abflug alles so organisiert, dass sie sich keine Gedanken zu machen brauchte, dass die Familie es nicht schaffen könnte ohne sie. Nach zwei Tagen am Urlaubsort hielt sie es nicht mehr aus, und sie buchte alles um und flog sofort wieder nach Hause.

In der therapeutischen Arbeit beschrieb sie ihren Vater als herrschsüchtig. Aus einfachen Verhältnissen stammend, hatte er sich in seiner Firma zum Prokuristen hochgearbeitet. Sein Trauma war, dass er nur Realschule hatte, er sich aber in einer Welt von Akademikern zu behaupten hatte. Zu Hause terrorisierte er die Familienmitglieder, außer sie, die Klientin, und ließ an ihnen seine Angst und seinen Frust aus. Ihn ereilte ein Darmleiden, das mit der Zeit immer schlimmer wurde, bis ihm nur noch ein Teil des Darms blieb und er bald darauf verstarb. Die Mutter hatte sich aus ihrer Sicht uneigennützig für die Familie eingesetzt und hatte die Tiraden und Ausbrüche ihres Mannes klaglos ausgehalten. Sie litt unter Migräne, die sie mit Tabletten in den Griff zu bekommen versuchte. Als Kind litt die Klientin für sich, für ihre Mutter und für ihren Vater. Sie bangte um die Liebe ihres Vaters und ihrer Mutter. Sie genoss einerseits die Zuwendung ihres Vaters zu ihr, fürchtete aber gleichzeitig, dadurch die Liebe ihrer Mutter zu verlieren. So identifizierte sie sich mit ihrer Mutter und der Rolle, die sie eingenommen hatte. Sie war das brave Kind, das alles machte, um dazu beizutragen, dass es ihrer Mutter gut ging. Die Rolle des braven Kindes gefiel auch dem Vater, der sie deswegen vor anderen lobte. Als der Vater starb, überkam sie ein enormes Schuldgefühl. Sie beschuldigte sich, für den Tod des Vaters verantwortlich zu sein, weil sie sich innerlich der Mutter zugehörig fühlte und sie so glaubte, ihren Vater für alles, was er ihr Gutes getan hatte, verraten zu haben.

Zu Beginn der therapeutischen Arbeit stellte sie fest, dass sie im Leben eigentlich sehr gegen ihr Bauchgefühl gehandelt hatte. Bei bestimmten Entscheidungen, die meistens im Zusammenhang mit ihrer Familie standen, hatte sie stets das Gefühl, im Bauch würde sich alles verkrampfen. Ihr Bauchgefühl war ihr sehr präsent, wenn sie es auch permanent ignorierte oder über es hinwegging. Der Ansatz hierbei war, ein Tagebuch zu führen über Situationen, Entscheidungen, Ereignisse, bei denen sich ihr Bauchgefühl bemerkbar machte. Statt in solchen Situationen sofort eine Entscheidung zu treffen, war es ihre Aufgabe, für 10 Minuten eine entspannte Haltung zu finden und zu versuchen, an gar nichts zu denken. Danach galt es, den ersten Gedanken wahrzunehmen und diesen zusammen mit dem auslösenden Vorgang ins Tagebuch einzutragen. Nach einer Stunde hatte sie die Aufgabe, ihr tatsächliches Verhalten in das Tagebuch einzutragen. Auf diese Weise zeigte sich ihr Verhalten, dass sie die Intuition zwar wahrnahm, sogar mit angemessenen „Empfehlungen", jedoch mit ziemlicher Regelmäßigkeit darüber hinwegging.

So gab es den Fall, dass ihre jüngste Tochter vom Schulsport nach Hause gekommen war und sich am Rücken verletzt hatte. Sie ging für 10 Minuten in die Entspannung und schrieb dann in das Tagebuch: „Geduld, erst mal beobachten." Statt dieser Empfehlung interviewte sie ihre Tochter mit geschlossenen Fragen über den Hergang. Nach 20 Minuten eindringlichem „Verhör" bemerkte die

Tochter, dass sie einen Knacks an der Wirbelsäule gehört habe. Sofort reagierte die Klientin und fuhr mit ihr in die Ambulanz des nächsten Krankenhauses in die Notaufnahme. Die Tochter kam für einen Tag ins Krankenhaus zur Beobachtung, wobei die Klientin auf „Rooming in" bestand. Sie wollte ihre Tochter in dieser schwierigen Situation nicht alleine lassen. Anschließend laborierte sie zu Hause für zwei Monate an dem Vorfall ohne erkennbaren körperlichen Befund, mit immer wieder aufflackernden unerträglichen Schmerzen. In dieser Zeit war die Klientin, wie sie sagte, „100 %" für die Tochter da, damit sie in Ruhe wieder gesund werden konnte. So wie dieses Muster ergaben sich zahlreiche andere, die nach dem Schema der sich selbst erfüllenden Prophezeiung verliefen.

Im Fokus des Du-Ich-Wir-Kontinuums erkannte sie, dass sie die Opferhaltung ihrer Mutter weiterlebte, um dadurch Abbitte für den vermeintlichen Verrat an ihrem Vater zu leisten. Mit dieser Haltung war sie bisher in der inneren Abhängigkeit zu ihren Eltern verhaftet geblieben. Ihr wurde bewusst, dass sie sich so auf Dauer gesundheitlich ruiniert hätte. Durch das Schreiben des Tagebuches und stetig praktizierter Meditation gelang es ihr, mit der Zeit „loszulassen".

Stück für Stück erschloss sie sich den Weg zum Leben ihrer „wahren" Bedürfnisse. Mit der Erkenntnis, dass im Leben jeder ganz allein und von Anfang an für sein Leben verantwortlich ist, war es ihr möglich, eigene Kontakte aufzubauen und Zeiten für sich, z. B. im Yogakurs und beim Batiken, zu leben. Ihr Zustand verbesserte sich umgehend und es trat kein Krankheitsschub mehr auf.

Der Starke

Ein Klient kam in die Praxis eigentlich mehr aus Versehen, denn vom „Psychokram“ hielt er eigentlich nichts. Er bat um schnelle Hilfe, weil er unter einer Potenzschwäche litt und nach Einnahme von Viagra und anschließend vollzogenem Eheleben sich wie ausgebrannt fühlte. Ihm waren mittlerweile die Schilddrüse und Gallenblase entfernt worden und er war einem Herzinfarkt deshalb entgangen, weil rechtzeitig eine Ballonweitung der Herzkranzgefäße durchgeführt werden konnte. Er beschrieb sich als „Minenhund“ im Leben und darauf war er sichtlich stolz. Diesbezügliche anerkennende Äußerungen seiner Umwelt saugte er begierig auf, bestätigten sein Ego, wie er meinte. Er arbeitete bei einem Discounter als Filialleiter, sorgte dafür, dass alles lief, führte seine Mitarbeiter mit straffer Hand, wie er sagte, schonte sich dabei selbst nicht, kam sogar sonntags ins Geschäft, um Restarbeiten zu Ende zu führen. Nebenbei machte er Musik, spielte Bassgitarre in einer Band, mittlerweile so gut, dass die Wochenenden mit Auftritten ausgebucht waren. Er sah sich in der Verpflichtung, alles zu tun, sich nicht zu schonen, schließlich trug er ja auch Verantwortung für seine Familie, seine Frau und zwei Jungen. Krankheiten zwangen ihn immer wieder zu pausieren, was ihn aber nicht daran hinderte, zu Hause an Plänen für das Geschäft weiterzuarbeiten bzw. Zuarbeiten für die Band zu leisten. Er schien in seinem Tatendrang unermüdlich. Er wollte nicht nur als der Starke erscheinen, sondern es auch sein. So wurmte es ihn mächtig, dass ihm die Krankheiten so zu schaffen machten und er deshalb auch sexuell nicht mehr leistungsfähig war.

Der Rückblick in die Kindheit eröffnete Einblicke in sein Verhaltensmuster. Als erstes Kind von 5 Geschwistern lebte er im ständigen Machtkampf mit der Mutter. Den Vater, der als Monteur tätig und häufig für mehrere Tage außer Haus war, nahm er nur am Rande wahr. Die Mutter, die ihn als 17-Jährige zur Welt gebracht hatte, war mit ihm überfordert. Das verschlimmerte sich mit den

Geburten seiner Geschwister in Zweijahresabständen immer mehr. Er erinnerte sich, dass er z. B. von seiner Mutter gezwungen wurde zu essen. Wenn er sich weigerte, erhielt er eine Tracht Prügel, vorzugsweise mit dem Feuerhaken. So artete alles in seiner Kindheit zu Prinzipienfragen zwischen ihm und seiner Mutter aus, die ihm gegenüber alles durchsetzen wollte, wobei er sich bei allem beharrlich weigerte. So standen bis in die Pubertät hinein Prügel regelmäßig auf der Tagesordnung. Das Verhältnis zu seiner Mutter heute beschrieb er als distanziert. Symptome, die ihm zu benennen schwerfielen, waren diffuse Ängste und traten vor allem nachts auf. Auch bedrückten ihn immer wieder Albträume. Als besonderes Phänomen beschrieb er seine Schmerzunempfindlichkeit. Seinen Körper überhaupt zu spüren, gelang ihm erst mit äußerster Konzentration auf den fokussierten Körperteil.

Bei der Arbeit mit dem Du-Ich-Wir-Kontinuum war der erste Schritt: das Selbstverzeihen. Er offenbarte, dass er seine Mutter im Grunde seines Herzens hasste. Nach der Devise: „Was nicht sein kann, das darf nicht sein", verdrängte er dieses Gefühl. Wenn dennoch Wut hochkam, dann beschlich ihn sofort ein Schuldgefühl, und er verzieh sich selbst nicht, ein so schlechter Sohn zu sein, der gegenüber seiner Mutter solch schreckliche Gefühle empfand. Nach und nach gewann er die Einsicht, dass er in der Kindheit das Opfer einer Mutter geworden war, die aus ihrer Biografie heraus ihm gegenüber nicht anders handeln konnte. Die ohne reale Begründung verabfolgten Schläge hatten ihn dennoch körperlich und seelisch auf das Äußerste verletzt. Indem es ihm gelang, seiner Mutter die Verantwortung für die Misshandlung zuzuschreiben, konnte er sich auch ohne Schuldgefühle zu seiner Wut ihr gegenüber bekennen. Damit war er frei, sich selbst für seine verdrängten Gefühle in der Vergangenheit zu verzeihen. Der zweite Schritt war, durch Meditation Herr seiner Gedanken zu werden und sich damit auf den Weg zum Hören der inneren Stimme der Intuition zu machen. Auf dem Weg dahin gelang es ihm zu erkennen, dass er die Verantwortung für sein Leben hatte und alles bisherig Erlebte Aufgaben waren, die er zu lösen hatte. Nach vier Monaten Meditation füllte sich sein Herz mit Liebe. Er sah seine Kinder mit den Augen eines Vaters, der dazu da war, sie auf ihrem ureigensten Weg zur Entfaltung ihrer Vision zu begleiten. Gleichzeitig konnte er die Taten seiner Mutter in der Kindheit ihm gegenüber verzeihen.

Mit einem Male konnte er auch seine Frau mit anderen Augen sehen. Im Grunde hatte er sie, solange sie zusammen waren, ignoriert. Was am Anfang ihrer Beziehung beidseitig als Liebe bezeichnet wurde, verkümmerte im Laufe der Zeit immer mehr zu einer Symbiose. Seine Frau litt immer mehr an Depressionen, die er wahrnahm, aber ignorierte. Ab einem gewissen Stadium im inneren Prozess vom „Ich" ins „Wir" konnte er in seiner Frau die Person sehen, die er seinerzeit aus Liebe geheiratet hatte. Ihm wurde bewusst, dass seine Frau über die Jahre hinweg *trotzdem* bei ihm geblieben war und *trotz* der Entbehrungen zu ihm gehalten hatte. Dankbarkeit und Liebe erfüllten ihn. Dass er seinen Körper wieder spüren konnte und ohne Leistungsstress mit Lust und ohne chemische Hilfe wieder mit seiner Frau schlafen konnte, erschien ihm als wunderbares Phänomen.

Der Zuchtmeister und Tyrann

Eine Klientin kam mit ihrem Mann in die Praxis. Sie hatten beide das Ziel, durch eine Paarberatung Gewissheit darüber zu erlangen, ob ihre Ehe überhaupt noch Sinne mache. Sie selbst beschrieb sich als die „Dumme" in der Beziehung, was ihr in dem Augenblick der Äußerung von ihrem Mann genussvoll bestätigt wurde.

Er leitete eine Restaurantkette und galt als erfolgreicher Manager. Sein Geschäft erledigte er, wie er es selbst ausdrückte, emotionslos. Die Sache, auch im Umgang mit Menschen, stand für ihn im

Vordergrund, und Sentimentalitäten kann man sich da nicht leisten. Siegen und alles für den Sieg zu tun hatte für ihn erste Priorität.

Obwohl er vor sieben Jahren in einer festen Beziehung war, schlief er mit seiner jetzigen Frau, woraufhin sie schwanger wurde. Seinem Drängen nach Abtreibung widersetzte sie sich und trug das Kind aus. Seine Mutter überredete ihn, die Mutter seines Kindes zu heiraten, was er auch tat. Sie bekundeten, dass sie sich zu Beginn geliebt hätten. Auch zu Beginn der Beratung wollten sie gegenseitige Liebe nicht ganz ausschließen. Mittlerweile hatten sie drei Kinder, zwei Jungen und ein Mädchen, und er hatte im Terminkalender zweimal pro Woche Zeiten freigehalten, um die Kinder von der Schule abzuholen. Diese Zeiten waren bestimmt von seinem Arbeitsprozess. Als sie ihn bat, die Zeiten so zu legen, dass sie für sich etwas Eigenständiges hätte unternehmen können, lehnte er brüsk ab. Er nehme sich die Zeit, *seine* kostbare Zeit, und könne dann auch das Wann und Wie bestimmen. Sie gehe doch nicht arbeiten, welch merkwürdiges Ansinnen sie doch habe.

Von Stunde zu Stunde der Beratung schrieb er, wie in einem Drehbuch, minutiös auf, wie sich beide in der Beziehung verhalten hatten. Sein Fokus lag dabei vollkommen auf seiner Frau und ihrem Verhalten. Er beschrieb, was er alles Gutes für sie und die Kinder tat, und zeigte Bereitschaft, sich wieder mit seiner Frau zu verbinden. Doch welchen Undank und welche Kälte musste er andererseits von ihr erfahren. Zu Beginn der Beratung gelang es ihm überhaupt nicht, sich in seine Frau hineinzuversetzen. Er setzte die Rahmenbedingungen des Zusammenseins, mochte das aber nicht als Reglementierung verstanden wissen. So war für ihn wichtig, dass er mit ihr sexuellen Kontakt hatte, wann immer *er* es wollte. Nach seinen Worten hätte er immer „gekonnt“, und wenn sie dazu bereit gewesen wäre, hätte sie danach alles von ihm haben können.

Da er, wie er sagte, erhebliches Vermögen in die Ehe gebracht hatte, bestand er zu Beginn der Ehe auf den Abschluss eines Ehevertrages. Diesen unterschrieb sie im Hinblick auf die bevorstehende Geburt des Kindes quasi blind. Sie meinte, sie habe sich da einem Druck- und Knebelvertrag unterworfen ohne Ausdruck von Gemeinsamkeit, und fand ihn einfach nur unerträglich. Auch hier meinte er, dass sie bloß seine Wünsche nach sexueller Nähe zu erfüllen brauche, dann könnte er auch auf den Ehevertrag verzichten. Die Erfüllung seiner sexuellen Wünsche täten ihr im Übrigen auch sehr gut. Einerseits gefiel ihr das Leben in gesichertem Wohlstand und mit Begegnungen in gehobenen gesellschaftlichen Kreisen, andererseits fühlte sie sich unerfüllt und konnte die Kälte ihres Mannes kaum aushalten. Das Prinzip „Erst verstehen, dann verstanden werden" wandte er in der therapeutischen Arbeit auf seine Art an: „Du hörst, was gefordert ist", waren seine Worte, „versteh mich endlich!" In Bezug auf außereheliche Beziehungen vertrat er die Auffassung, dass sie sich beide treu sein sollten. Er würde auch keine andere Frau als sie lieben. Wenn da doch mal was wäre, geschähe es nicht aus Liebe, sondern nur so zwischendurch, was aber keinerlei Bedeutung habe.

Die Paarberatung wurde mit beiderseitigem Einverständnis in eine Einzeltherapie für ihn umgewandelt. Sein Ziel war, für sich die Ansatzpunkte herauszufinden, wie sie ihre Ehe retten könnten. Er würde schließlich für die Familie einstehen. Den ganzen Ärger mit Scheidung wollte er sich ersparen. Seine Frau sei schließlich überall eingeführt und gut gelitten, und das Bild, – er – als geschiedener Single, bereite ihm kein Vergnügen.

Dass diese Arbeit im Rahmen einer *Therapie* erfolgen sollte, bereitete ihm schon einiges Kopfzerbrechen. „Eigentlich hat meine Frau die Therapie viel nötiger als ich, zumal sie vorher schon in Therapie war", meinte er. Schließlich fand er sich aber damit ab. Direkt zu Beginn, als es um das Thema „Gott" ging, fing er Feuer. Nach eigenem Bekunden glaubte er an Gott. Er meinte, dass da eine Macht sei, die nicht zu fassen sei, worauf er aber vertraue. Eingeladen, ein tieferes Verständnis für Gott zu erlangen, willigte er ein, obgleich ihn der Ansatz verwunderte. Die ersten Stunden bestanden darin, mit Bewusstheit über Phänomene des Lebens und der Natur zu sprechen. Mit Fantasiereisen und autogenem Training gelang es ihm, immer besser abzuschalten, was ihm vorher nie richtig gelungen war. Im nächsten Schritt wandte er sich der Meditation zu. Hier übte er über 6 Wochen. Gleichzeitig besah er sich sein bisheriges Leben und die Gegenwart im Lichte des Du-Ich-Wir-Kontinuums. Er erkannte sein Muster: „Siegen und alles im Griff haben müssen". Diese Einstellung mit den daraus resultierenden Verhaltensweisen sah er in den Machtkämpfen begründet, die er als Kind mit seiner Mutter auszutragen hatte. Unter Tränen erinnerte er sich, wie sehr er sich nach der Liebe der Mutter gesehnt hatte, ohne jemals Erfüllung zu erfahren. Ihm erschloss sich, dass er aus Kompensation die Rolle des „Zuchtmeisters und Tyrannen" eingenommen hatte. Durch die Macht, die er dadurch ausüben konnte, empfand er eine Ersatzbefriedigung. Er erkannte zudem, dass sein sexuelles Begehren dem gleichen Machtimpuls entsprang. Weil er Liebe als Kind so schmerzlich entbehren musste, suchte er sie durch exzessive Sexualität ersatzweise zu befriedigen. So entstanden seine Verhaltensweisen des „Ich", die er ohne die gewonnenen Einsichten auch in Zukunft niemals in Frage gestellt hätte.

Im nächsten Schritt sah er, dass er Schuldgefühle über sein Verhalten verdrängt hatte. Indem er die Verantwortung für Handlungen der Mutter aus den Machtkämpfen bei ihr belassen konnte, gelang es ihm, sich selbst sein „Ich"-Verhalten zu verzeihen. Damit war bei ihm ein Bann gebrochen. Ihm gelang es zum ersten Mal, wie er sagte, sich in seine Frau hineinzuversetzen und ihre Bedürfnisse zu verstehen. Im weiteren Verlauf der therapeutischen Arbeit und der täglichen Meditation erschloss er sich immer mehr die Intuition. Am Ende konnte er sich darauf einlassen, sich der Intuition anzuvertrauen. Mit Freude war er nun gewillt, gemeinsam mit seiner Frau den Weg ins „Wir" zu gehen.

Auflösung von Rollenverhalten

Erscheint es unmöglich, auch die andere Seite – Stärke, Aufopferung, Hilflosigkeit usw. – zu leben, verdeutlicht dies, dass es sich um eine Rolle handelt. Wir wollen uns und anderen etwas vormachen und zahlen den Preis der Verleugnung dafür. Aufgegeben werden kann diese Rolle jederzeit dann, wenn die Erkenntnis und die Sinnlosigkeit der Rollenbildung klar werden und wir uns als Träger der Rolle selber annehmen. Kein Mensch ist immer hilflos, stark, zu jeder Zeit egoistisch oder lustig. Die Aufdeckung der eigenen Gegenseite ist ein Schritt in die Lebendigkeit der Beziehung zu sich selbst.

Ohne Rollenverhalten wird es uns gelingen, uns der Wirklichkeit *realistisch* zu stellen und uns nicht in offenkundig irrealen Reaktionen zu verlieren. Es gelingt uns schneller, unsere inneren Kräfte zu mobilisieren. Wir fühlen uns in unseren Handlungen stimmiger und damit auch durchsetzungsfähiger. Beziehungskonflikte brauchen dann nicht mehr, z. B. mit unbotmäßigen Affekten, zu Beziehungskriegen zu eskalieren. Wir können uns annehmen, ohne uns und anderen etwas vorzumachen. Ohne Rollenverhalten erschließen wir uns die Intuition und schaffen den Rahmen für Integrität und Authentizität. Authentisches Verhalten hat innere und äußere Wirkung. Wir werden in die Lage versetzt, problematische Situationen auf eine scheinbar leichte Art und Weise zu meistern. Wir verspüren z. B. nicht mehr die überzogene Kampfeslust, womit wir im Rollenverhalten versuchten, innere Unsicherheiten zu kompensieren. Vor allem sind wir wieder in der Lage, Glücksgefühle zu erleben.

Innere Einkehr und Stille bieten uns den Resonanzboden zum Erkennen von Rollenverhalten. Wir können in Ruhe in uns hineinhorchen und erkennen, in welchem Stadium des Du-Ich-Wir-Prozesses wir uns befinden. Auf diesem ganz persönlichen Weg können wir wahrnehmen, ob wir Mitmenschen und auch uns selbst respektvoll begegnen.

Rollenverhalten lässt sich wahrnehmen und verändern, wenn wir die Bereitschaft aufbringen, uns Feedback (vor allem kritischem) von außen zu öffnen und es als eine Chance zur Veränderung wahrzunehmen. Wir werden dabei auf Gefühle wie Angst und Schuld stoßen, die die Speerspitzen des inneren Abwehrkampfes sind und die sich massiv gegen Veränderungen zur Wehr setzen wollen. Schaffen wir es, diese Gefühle durch Zugang zur Intuition zu integrieren, werden wir frei, unsere Rollen aufzulösen.

Auf diesem Wege wird es uns gelingen, unsere Lebensqualität immer mehr zu erhöhen. Wir erkennen und setzen uns damit auseinander, dass z. B. die schlechte Laune, die in uns ist, nicht wirklich mit einem Mitmenschen zu tun hat, auf den wir sie projizieren. Auf diese Weise schaffen wir uns den Raum in ehrlicher Auseinandersetzung mit uns selbst, innere Konflikte aufzulösen.
Unser Unbewusstes reagiert positiv auf Auflösungsprozesse von Rollen, schenkt uns Selbstvertrauen durch „Loslassen."

Menschen, die bewusst ihre Rollen losgelassen haben, erleben ihren Alltag und ihre Beziehungen leichter. Sie sehen sich in der Lage, weitere innere Verstrickungen über eine bewusste Innenschau anzugehen und nehmen den erreichten Prozess mit unglaublicher Erleichterung wahr. Nachdem die Angst vor dem Loslassen überwunden wurde, besteht die Möglichkeit einer Neuformierung, diesmal in innerer Übereinstimmung mit uns selbst über die Intuition. Haben wir diesen Entwicklungsstand erreicht, fühlen und handeln wir authentisch und gehen verständnisvoll mit uns und unseren Mitmenschen um.

Kontrollverhalten

Ich weiß mich zu verstehen

Verletzungen unserer Seele, die dazu führen, dass wir nicht vertrauen können, verunsichern uns in unserem Denken, Reden und Handeln. Dadurch gelingt es uns in Beziehungen auch nicht loszulassen. Wir sind gehemmt, wenn es um uns geht, können uns in der Sexualität nicht mehr ohne Weiteres hingeben. Dies führt uns immer wieder in innere Zwiespälte, die wir mit Angst erleben. Abgeschnitten von der Intuition wissen wir nicht richtig, was wir wollen. Haben wir ein starkes Gefühl, wie etwas zu sein hat, dann kann es im nächsten Augenblick sein, dass wir ein neues, starkes Gefühl für etwas anderes bekommen, gänzlich anders, sogar entgegengesetzt zum ersten Gefühl. Komm, geh – oder tue es, tue es nicht – quasi in einem Atemzug ist Ausdruck solcher Ambivalenzen. Mangelndes Vertrauen in unser Sein lässt uns in den verschiedensten Lebenssituationen abgeleitete Formen von Existenzangst verspüren. Flugangst/Höhenangst sind z. B. typische Formen. Objektiv mögen wir sicher sein, doch wir erleben einen Kontrollverlust, der daraus entsteht, dass unser Verstand meint, eine Sache nicht mehr beherrschen zu können.

Dass unser Kontrollverhalten das Ergebnis mangelnden Vertrauens in uns und unser Sein und daraus sich ergebender Existenzangst ist, wollen wir uns und unseren Mitmenschen gegenüber nicht eingestehen. Unser Verstand versucht uns trotzdem ständig vorzugaukeln, dass wir durch kontrollierendes und kontrolliertes Verhalten die lebensnotwendige Sicherheit erhalten können. Also kompensieren wir unser Defizit mit Ersatzhandlungen. Die Hausfrau, die ihren Haushalt in perfektionistischer Weise in Ordnung hält, suggeriert sich das Gefühl, alles richtig gemacht zu haben, indem sie ausnahmslos alles immer wieder säubert, ob es nun objektiv nötig ist oder nicht. Natürlich ist der Haushalt nun ihr Schlachtfeld, in dem die Tretminen für Mitbewohner in willkürlicher Formation herumliegen. Ein aus ihrer Sicht herrenloses Kleidungsstück, Verschütten von Flüssigkeiten, Kratzer an Möbelstücken lassen in ihr die Angst der Unvollkommenheit als eine Form der Existenzangst entstehen. Die Kompensation der Angst erfolgt in Beschuldigungen den wahren oder vermeintlichen Verursachern gegenüber, z. B. in der Äußerung, dass sie keinen Respekt vor ihrer Arbeit hätten. Je nach Angstgrad werden sich ihre Affekte entladen, bei Menschen im „Du" über das Erzeugen von Schuldgefühlen, bei Menschen im „Ich" über Wutausbrüche. Wie in dem Beispiel der Haushalt die Ersatzhandlung ist, können sich je nach persönlicher Disposition alle möglichen Formen von Ersatzhandlungen ergeben. Mangels Einsicht für das Verhalten in Ersatzhandlungen produzieren wir gleichzeitig mit ihnen für uns und unsere Mitmenschen die

Schlachtfelder. Auf diesen Schlachtfeldern sind wir die Feldherren und unsere Mitmenschen die zu Bekämpfenden. Sind wir Feldherren im „Du", wird sich das Schuldgefühl, das wir anderen vermitteln wollen, gegen uns selbst wenden, und von Gewissensbissen geplagt werden wir eine mehr oder weniger starke Depressionsphase erleben. Sind wir Feldherren im „Ich", haben wir im Augenblick des Affektes pure Zerstörungslust. Der, der augenscheinlich bereit ist, unsere Integrität in Frage zu stellen, oder derjenige, der das, was uns die nötige Lebenssicherheit gibt, derart missachtet, muss jetzt dafür büßen.

Die Ersatzhandlungen mit ihren Schlachtfeldern sind Auswüchse unserer uneingestandenen Existenzangst, auf mangelndem Vertrauen basierend. Solange wir uns selbst entfremden und unsere Angst nicht eingestehen, so lange werden wir ohne Selbstreflexion Schlachtfelder erzeugen, sozusagen „Nebenkriegsschauplätze", zum Ausleben der Angst.

Praxisfälle

1. Eine Mutter bestand darauf, dass ihre 17-jährige Tochter ihren Nachmittag minutiös planen sollte. Sie wollte genau wissen, was sich die Tochter vorgenommen hatte. Dazu drangsalierte sie die Tochter mit Kommentaren und Korrekturen.

   Ersatzhandlung: Erziehung (der fast volljährigen Tochter)

   Schlachtfeld: Mütterliche Fürsorge (z. B. „Ich will doch nur das Beste für dich." „Wer sein Leben plant, kommt weiter, und dabei will ich dich unterstützen.") *entgegen* Autonomie der Tochter

2. Eine Ehefrau schrieb ihrem Mann genau vor, ob und wie lange er mit seinen Arbeitskollegen auszugehen hatte.

   Ersatzhandlung: Vorschriften

Schlachtfeld: Stellenwert der Ehefrau („Für alle hast du Zeit, wo bleibe ich?" „Wenn du wieder spät nach Hause kommst, habe ich von dir gar nichts mehr.") *entgegen* Freizeitbedürfnis des Ehemannes

3. Die Auseinandersetzungen eines Ehepaares mündeten immer wieder in derselben Sackgasse. Bei Konflikten drehte es sich stets darum, dass beide forderten, dass das Sprechverhalten des anderen den eigenen Erwartungen zu entsprechen hatte. Sie unterstellten, dass diese Erwartungen dem anderen als vereinbarte Regeln des Umgangs bekannt seien. So schaukelten sich Auseinandersetzungen stets hoch. Sie forderten gegenseitiges Verständnis, brannten sich in ihrer Beziehung aus, ohne jemals zu einem Einvernehmen zu gelangen.

   Ersatzhandlung: Sprachschablonen

   Schlachtfeld: Beidseitige Kommunikation („Sag es mir höflich und nicht so egoistisch." „Die Art und Weise, wie du meinen Namen aussprichst, daran erkenne ich deine Missachtung meiner Person." „So, wie du die Frage formulierst, merke ich, dass es dir im Grunde nur um dich geht.")

Alle Kontrollverhalten mit ihren Ersatzhandlungen führen zu Schlachtfeldern und erzeugen somit Verletzungen. Wir erhalten genau das, wogegen wir uns eigentlich schützen wollten – statt Sicherheit und alles im Griff zu behalten kriseln unsere Beziehungen. Wenn Partner zu keiner Verhaltensänderung gelangen, entwickeln sie eine Symbiose entweder der gegenseitigen Anpassung und „Friedhofsstille" oder des permanenten damit verzehrenden Beziehungskampfes.

Ich kann mir helfen

Wenn wir mangelndes Vertrauen mit Kontrollverhalten zu kompensieren versuchen, liegt der Schlüssel der Heilung in der Selbstannahme.

Denn mit dem mangelnden Vertrauen vermissen wir die Sicherheit in unserem Leben. Im Grunde ist das, was wir brauchen und wonach wir uns sehnen, die Liebe und Wertschätzung unserer Person. Die Selbstannahme heilt uns. Wir müssen nur bereit sein, uns in unserer Ganzheit mit allen positiven und negativen Eigenschaften anzunehmen und zu lieben. Ohne Selbstannahme wird ein Geben unmöglich. Wir können schließlich nichts geben, was wir gar nicht (erworben) haben. Geben wir unter diesen Voraussetzungen trotzdem, wird es ein

- mit Konditionen behafteter Vorgang des Gebens und Nehmens, sozusagen ein Nullsummenspiel,

oder es wird ein

- Geben, das vom Empfänger als nicht authentisch empfunden wird und, selbst wenn er es augenscheinlich annimmt, von ihm innerlich abgelehnt werden wird.

Das Kontrollverhalten erhält seine Verstärkung durch die sich selbst erfüllende Prophezeiung. Da uns die Dimensionen des Vertrauens fehlen, beurteilen wir die Erfahrungen der Vergangenheit nur unter rationalen Gesichtspunkten. Unser Verstand souffliert uns folgerichtig, wie wichtig es war, die Situationen zu kontrollieren. Wo wären wir sonst wohl hingekommen? Also werden wir in Zukunft noch mehr versuchen, alles durch Kontrolle in den Griff zu bekommen, um von leidvollen Erfahrungen der Vergangenheit verschont zu bleiben. Verharren wir in dieser Haltung, werden wir ganzheitlich immer mehr erstarren.

Symptome der Erstarrung können u. a. sein:

Körperlich: Muskelverspannungen aller Art und Ausprägungen, u. a. Morbus Bechterew, Rheuma, Parkinson, außerdem Atembeschwerden/Asthma, starrer Gesichtsausdruck, Verstopfung, Senilität und Altersdemenz

Seelisch: sinkende positive Gefühlswahrnehmungen bei steigender (Existenz-)Angst *geistig:* gedankliches „Hamsterrad“ (d.h. immer dasselbe denken müssen), (Vor-)Urteile, absolutes Sicherheitsdenken

Übungen zur Selbstannahme und Selbstliebe sind zum einen Meditationen zum Erschließen der Intuition, zum anderen sich vor den Spiegel zu stellen, sich liebevoll (auch wenn es am Anfang eine Grimasse sein sollte) anzulächeln und sich zu sagen: „Ich nehme mich an, wie ich bin.“ – „So wie ich bin, bin ich gut.“ „Ich liebe mich.“ So einfach es klingen mag, so schwierig dürfte es in der Ausführung sein. Doch weil es unkompliziert ist, ist es ein guter und erfolgreicher Weg, wenn er mit Ausdauer betrieben wird.

Veränderung findet nicht in der Vergangenheit oder Zukunft statt. Die Veränderung ist ein Prozess der Gegenwart. Wir brauchen zur Veränderung von Verhalten aus dem „Du“ bzw. „Ich“ den Mut, es einmal anders machen zu wollen. Die Gelegenheit nunmehr beim Schopfe packen bedeutet, das „Anders-Machen“, nicht nur im Kopf, nach allen Regeln der Kunst durchzuprobieren, sondern es im Falle des Falles einfach zu tun. Als geeignete Technik bietet sich der „Gedankenstopp“ an. Gedankenstopp bedeutet nichts anderes, als gedanklich innezuhalten und dem Verstand Einhalt zu gebieten, weitere Simulationen der Angst zu produzieren. Am besten wäre, nicht zu denken, d. h., für eine Zeit lang sich einer gedanklichen Leere bewusst zu werden. Da das zu Beginn schwierig erscheint, können wir erst einmal beginnen, unser Bewusstsein mit neuen, selbst gewählten Inhalten zu füllen. Geeignet ist die Wahl eines Wortes (Mantra), das wir stets vor uns hersagen und dazu gedanklich positive Bilder entwickeln. Beliebt sind allgemein Naturbilder. So könnte das Wort, das wir in kurzen Augenblicken wiederholen, z. B. „Berg“, „Meer“ oder „Himmel“ sein, was wir uns dann auch plastisch vorstellen. Wir durchbrechen damit das innere Zwangsmuster homöopathisch, wir heilen, indem wir das Symptom mit von uns bestimmten Inhalten anwenden.

So geübt, bietet sich die Anwendung des Gedankenstopps für Situationen an, in denen wir ins Kontrollverhalten flüchten wollen. Solche Situationen, in denen wir in Ersatzhandlungen und Schlachtfelderöffnungen Zuflucht suchen, sind häufig auch angstbesetzt. Dabei kann es

u. a. zu Schweißausbrüchen, Herzrasen oder Hyperventilation kommen. Das Kontrollverhalten war für uns immer wie ein Rettungsring, an den wir uns unwillkürlich klammern konnten. Angstbesetztes Kontrollverhalten kann darin gipfeln, dass wir in bestimmen Situationen fürchten, den Boden unter den Füßen zu verlieren, uns endlos zu blamieren oder sogar zu sterben. Der erste Gedankenstopp in einer solchen Situation wird uns zeigen, dass unsere Befürchtungen haltlos waren.

Es empfiehlt sich, das Vorhaben, unser Kontrollverhalten aufzugeben, mit einer Person unseres Vertrauens durchzuführen. Haben wir keinen solchen Partner, sollte es eine psychotherapeutisch kompetente Person sein, die berufsmäßig dazu in der Lage ist. Mit ihr wird besprochen, wann wir den Gedankenstopp anwenden wollen. Ist die Vertrauensperson unser Lebenspartner, kann der Vorgang zu einem unmittelbaren Fortschritt auf unserem gemeinsamen Weg ins „Wir“ führen.

Haben wir den Gedankenstopp ausgeführt, ist es notwendig, dass wir alles, was geschieht, als positiv aufnehmen, auch wenn uns unsere Angst das Gegenteil vermitteln möchte. Der Fortschritt, den wir machen, liegt nie in der Orientierung am Inhalt, sondern immer an der Orientierung des Tuns. Somit ist die Durchführung des Gedankenstopps an sich bereits der Durchbruch auf dem Weg zu einem neuen Verhalten.

Wege
ins
„Wir“

„Wir“-Kriterien leben

Vertrauen

Vertrauen ist das Fundament, auf dem es uns gelingt, unsere Vision zu entwickeln. Wir können Vertrauen in die Welt haben, indem wir anerkennen, dass die Welt durch den universellen Geist regiert wird, der *in* uns und nicht *von* uns ist. Der universelle Geist ist die Macht, die alle Dinge sicher bewahrt. Die Intuition entspricht der Kompassnadel, die stets nach Norden zeigt und uns die Richtung zum universellen Geist weist. Vertrauen wir dem universellen Geist, führt uns die Intuition sicher durch unser Leben. Sind wir dazu bereit, gilt es, unseren Verstand „in den Dienst“ der Intuition zu stellen. Wenn wir das tun, plant, organisiert, kontrolliert unser Verstand unser Leben, so wie es für uns vorgesehen ist. Dann macht der Verstand das Leben für uns fassbar. Vertrauen wir dem positiven Wirken des universellen Geistes, können wir ganz sicher sein, dass uns alles gelingt und dass wir das befriedigt bekommen, was wir an Bedürfnissen haben, um unsere Vision zu entwickeln. Stellen wir unseren Verstand nicht in den Dienst des universellen Geistes, dann vertrauen wir im Grunde nicht – es fehlt uns das Urvertrauen. Was wir dann Vertrauen nennen, ist nicht mehr, als was unser Verstand im Rahmen seiner Kontrolle an Vertrauen zulässt.

Vertrauen entwickelt sich aus dem Selbstvertrauen. Erst wenn wir uns selber trauen, können wir richtig einschätzen, wem oder was um uns herum zu trauen ist. Das Selbstvertrauen wächst, je mehr wir uns an der Intuition orientieren, auf unsere innere Stimme hören, Positives wie Negatives als gegeben annehmen und uns von den kritischen Eingebungen des Verstandes lösen können. Die Intuition ist unser Führer und Lenker in unserem Leben. Wenn wir uns an ihr orientieren, erfahren wir alles Richtige, was in unserem Leben vorgesehen ist, um unsere Vision zu entwickeln. Glauben wir, dass wir kein Selbstvertrauen haben,

haben wir Grundlagen zu schaffen, auf die wir später mit Themenstellungen wie Selbstliebe und Pro-Aktivität weiter eingehen werden.

Ehrlichkeit

Nur die, die vertrauen, können sich Ehrlichkeit leisten. Vertrauen wir nicht, fehlt uns Selbstvertrauen und wir müssen uns irgendwie durch die Welt mogeln. Ehrlichkeit bezieht sich nicht nur auf das, was wir sagen. Ehrlichkeit bedeutet, dass wir konsequent sind. Der Unterschied zwischen Wahrheit und Ehrlichkeit besteht darin, dass es viele subjektive Wahrheiten gibt, über die wir diskutieren können, doch nur eine objektive Ehrlichkeit. Ehrlichkeit und damit Authentizität besteht, wenn es keine Widersprüche in unserem Denken, Sprechen und Handeln gibt, wenn sich kein Gedanke irgendeinem anderen Gedanken widersetzt, wenn keine Tat unsere Worte Lügen straft. Dann stehen wir nirgendwo in Konflikt mit uns selbst. Sind wir uns selbst gegenüber ehrlich, dann ist es unmöglich, mit irgendjemandem oder irgendwas in Konflikt zu sein. Denn unsere Klarheit lässt uns andere in ihren Motiven und Handlungen verstehen und wir sind imstande, Konfliktursachen zu erklären und damit auszuräumen. Bei Böswilligkeit uns gegenüber brauchen wir uns bloß abzuwenden. Konflikte sind letztlich unvermeidliche Folgen von Selbsttäuschung, und Selbsttäuschung ist Unehrlichkeit. Sind wir selbst klar durch Ehrlichkeit, sind wir Vorbild für viele andere, die im Grunde alle nach Klarheit suchen.

Vertrauen wir dem universellen Geist und sind ehrlich, gibt es in unserem Leben keine Herausforderungen mehr, weil Herausforderungen in sich den Zweifel bergen, dass wir es auch schaffen. Vertrauen wir und sind ehrlich, brauchen wir keine Zweifel mehr zu haben für das, was wir tun, und sind von daher nur erfolgreich.

Toleranz

Toleranz ergibt sich, wenn wir aufhören zu urteilen. Mit Urteilen ist der Zustand gemeint, innerlich ständig in Position gegenüber Personen, Situationen oder Sachen zu sein. Wir fällen dann Urteile von der eigenen inneren Warte her. Unsere subjektive Einstellung wird für uns zum Maßstab, wie andere oder anderes zu sein hat. Im Fällen von Urteilen täuschen wir uns selbst, machen uns was vor, was objektiv nicht ist. Urteilen wir, dann mangelt es uns an Vertrauen. Denn statt des Urteils, was häufig auch ein Vorurteil ist, hieße es, sich um Verständnis zu bemühen, zu hinterfragen, warum und wozu Sachverhalte und Gegebenheiten so sind, wie sie sind. Urteile werden häufig auch aus Angst vor etwas oder jemandem gefällt. Geschieht so etwas kollektiv, kommt es zu Klischees, Ressentiments und gängigen Vorurteilen, die ihren Wahrheitsgehalt durch die Häufigkeit ihres Aufkommens erhalten. Wenn wir (vor-)urteilen, sind wir folglich unehrlich mit uns und anderen. Erst indem wir aufhören über andere und anderes Urteile zu fällen und stattdessen ehrlich sind mit uns und den anderen, beschreiten wir den Weg der Toleranz.

Freude

Wahre Freude entspringt der Intuition.

Wir spüren sie, wenn wir

- unsere Bedürfnisse befriedigen,
- an Weichen in unserem Leben ankommen und den weiteren Weg unserer Vision entsprechend wählen,
- in unserem Denken, Fühlen und Handeln aus dem Quell der Liebe schöpfen.

Haben wir diesen Zustand erreicht, sind wir authentisch, stimmig und haben intakte Gefühle einer gesunden Seele. Krankhafte Angst ist nun unmöglich, und was könnte nun noch kommen, um die Freude zu beeinträchtigen? Wir erleben Freude von Grund auf als das, was sie ist, Elixier eines sich erfüllenden Lebens. Wir brauchen nicht mehr zu leiden, wir lieben und werden geliebt. Freude entspringt dann auch aus unserer Dankbarkeit dafür. In der Ganzheit unseres Seins ist eine solche Freude ein Gesundbrunnen für unser Leben. Körper, Seele, Geist befinden sich im Einklang und unser Lachen gibt, ansteckend für andere, Ausdruck davon. Großzügigkeit im Fühlen wahrer Freude und im Geben von Freude setzt eine Saat, deren Früchte in vielfacher Weise wieder zu uns zurückkommen.

Folgen wir statt der Intuition den Eingebungen unseres Verstandes, werden wir durch Ersatzhandlungen versuchen, Freude zu erleben. Solche Ersatzhandlungen können alle Arten exzessiven Verhaltens und Suchtverhaltens sein wie Spielen, Trinken, Drogen, Kaufen, Rauchen, Tanzen, Essen usw. Auf Dauer werden uns Ersatzhandlungen allerdings frustrieren und statt Freude erleben wir dann Niedergeschlagenheit und Depression.

Friedfertigkeit

Befinden wir uns im „Wir", brauchen wir nicht mehr um etwas zu kämpfen, denn was wir wollen, ist im Grunde bereits vorhanden. Befinden wir uns in den Stadien des „Du" oder „Ich," haben wir auf dem eigenen Weg ins „Wir" zuerst die Aufgaben zu lösen, die wir durch Verletzungen in unserer Kindheit gestellt bekamen. Begeben wir uns aber auf den eigenen Weg ins „Wir" durch Heilung unserer Verletzungen, fühlen wir uns zunehmend klarer und freier. Mit dem Zeitpunkt, ab dem unsere „Wir"-Anteile die „Du"- und „Ich"-Anteile überwiegen, gewinnen wir zunehmend die Bewusstheit zur Verwirklichung unserer Vision. Es braucht Zeit, bis es so weit ist, dass wir das Erstrebte erreicht haben. Gewöhnlich werden wir phasenweise durch unseren Verstand daran gehindert, ohne Selbstzweifel und Angst den Weg zu gehen. Diese Phasen gilt es durchzustehen und weiter pro-aktiv aus dem „Du" und „Ich" den Weg der Heilung und in das „Wir", den Weg der Visionsentwicklung, zu gehen. Die Bestimmung aller Menschen um uns herum ist, dass sie ihre Vision verwirklichen. Somit bilden die Visionen aller Menschen zusammengenommen die universelle Vision des menschlichen Seins. Liebe ist, wenn wir die universelle Vision in uns fühlen.

Ellenbogen anwenden, glauben, sich durchsetzen zu müssen, sind demzufolge Annahmen unseres Verstandes aus Gründen des Selbstschutzes oder der Vorteilsgewinnung. Das geschieht allerdings immer auf Kosten anderer und fordert früher oder später gegenüber uns selbst seinen Tribut. Der Tribut, hervorgerufen durch Missgunst, Neid, Missachtung uns selbst gegenüber, beeinträchtigt uns in unserem Streben nach Harmonie und Wohlgefühl. Die Spirale negativer Effekte setzt sich weiter fort, erzeugt u. a. nach innen Einsamkeit oder nach außen Konflikte. Weil wir glauben, uns gegen Anfechtungen der Umwelt wehren zu müssen, sehen wir uns im Extremen sogar gezwungen, die Konflikte handgreiflich oder vor Gericht auszutragen. Diese Ursache/Wirkung-Kette könnten wir beliebig weiter fortsetzen. Die Erkenntnis daraus ist: Was wir auch tun, letztlich fällt alles wieder auf uns zurück. Gehen wir auf diese Weise unseren Weg, werden wir uns als Opfer von Situationen oder negativen Einstellungen unserer Mitmenschen sehen. Reaktionen *aus uns* offenbaren sich u. a. durch Krankheiten aller Art, Unfälle oder „Ausgebranntsein". Reaktionen *gegen uns* offenbaren sich u. a. durch handgreifliche Angriffsattacken, Schikanen, Sabotagen, Intrigen, Mobbing.

Glauben wir, uns wehren zu müssen, setzt das ein wie auch immer geartetes subjektiv schädigendes Verhalten durch uns gegenüber anderen voraus.

Friedfertigkeit ebnet folglich den Weg zu Harmonie und Ausgeglichenheit, Authentizität und Frieden.

Großzügigkeit

Wenn wir großzügig geben, erhalten wir ein Mehrfaches zurück. Das ist das Gesetz der Ernte. Die Saat, die wir setzen, die wir sorgsam düngen und wässern, wird aufgehen und uns ein Vielfaches wiedergeben von dem, was wir eingesetzt haben. Voraussetzung für ein solches Geben ist unsere Einstellung des „Wir". Wir geben uns ganzheitlich, mit unseren Gedanken, Gefühlen, mit unserem verbalen und nonverbalen Verhalten, mit unseren Taten sowohl materiell als auch immateriell. Lieben wir und folgen unserer Intuition, so befinden wir uns im Einklang mit uns und unserer Umgebung. Setzen wir uns für andere ein, so dass sie in der Lage sind, besser für sich sorgen zu können, dann tragen wir mit zu deren Heilung bei und leisten damit einen Beitrag für deren eigenen Weg ins „Wir“. Im Bewusstsein der ganzheitlichen Verbundenheit mit dem universellen Geist bedeutet eine solche Haltung, dass wir indirekt Einfluss nehmen auf die Heilung aller.

Ein Geben in der Erwartung, dafür etwas zu bekommen, und sei es nur ein Dank, führt unweigerlich zur Frustration. Ein Geben als Kompensation für eigennütziges Nehmen führt zu Angst und Schuldgefühlen.

Nur die Großzügigkeit nach dem Gesetz der Ernte führt zu Befriedigung und Ausgeglichenheit, wobei sich das Maß des Gebens aus der Intuition heraus ergibt.

Geduld

Der Weg ins „Wir“ ist ein Weg des Vertrauens und der Geduld. Indem wir vertrauen und die Vision unseres Leben pro-aktiv entwickeln, brauchen wir gar keine Sorgen zu haben, dass sich andere als die vorgesehenen Entwicklungen ergeben. Vom persönlichen Empfinden her mag es Zeiten geben, in denen wenig bis nichts geschieht. Diese Zeiten bieten dann etwas anderes als sichtbare Fortschritte zu erzielen. Solche Zeiten bieten z. B. Phasen der Erholung, der Muße, der Besinnung oder auch der Neuorientierung, jedenfalls etwas anderes als Aktionismus für etwas, was sich ohnehin anbahnt. In solchen Fällen, in denen der innere Handlungstrieb mit den Angeboten der Realität nicht in Übereinstimmung steht, hilft Geduld. Wenn wir uns pro-aktiv für die Verwirklichung unserer Vision einsetzen, können wir es uns erlauben, in Geduld und ohne Ängstlichkeit auf die Ergebnisse zu warten. Alles, was wir sehen und erleben, ist Anfang und Ende *eines* Prozesses zugleich. In allen Fällen können wir dem sicheren Ausgang vertrauen, wenn uns auch die Zeiten dazu vielfach nicht bekannt sind. Das bringt uns dann auch dazu, Geduld mit unseren Mitmenschen aufzubringen. Ungeduld mit Mitmenschen entspricht einer Haltung der Intoleranz als Folge von Urteilen, die wir über sie gefällt haben. Haben wir Geduld mit uns, sollten wir genauso in der Lage sein, Geduld für unsere Mitmenschen aufzubringen. Letztlich entwickeln alle ihre Vision nach den ihnen eigenen inneren Maßstäben sowie der eigenen Geschwindigkeit und dem eigenen Rhythmus. Benötigen Mitmenschen Unterstützung und Hilfe, die wir geben können und die zu leisten sie uns verbal oder nonverbal bitten, sind wir aufgerufen, sie ihnen zu geben. Mit Geduld bei der vorübergehenden Nichtverfolgung eigener Vorhaben und mit Geduld bei der Vermittlung der Hilfe zur Selbsthilfe gegenüber den Hilfesuchenden leisten wir konstruktive Beiträge für den gemeinsamen Weg zum „Wir".

Demut

Demut lässt sich erkennen in der Annahme des Seins, ohne Selbstgefälligkeit und Überheblichkeit. Im Grunde sind alle Menschen mit demselben Anspruch auf Erden, sofern nötig, die in der Kindheit gestellten Aufgaben zu lösen und die Vision zu entwickeln. Dabei haben wir den Blick auf unsere Mitmenschen zu behalten. Sind wir im „Wir", sind wir in gelungener Autonomie vernetzt mit dem uns umgebenden Leben. Sind wir im „Du" oder „Ich", haben wir die „gelungene" Autonomie noch zu erringen. Es hilft, wenn wir uns vorurteilslos unseren Mitmenschen annähern. Das Verhalten von Menschen hat immer mit ihnen selbst zu tun, und wir brauchen dazu keine Positionen aufbauen. Nehmen wir die Menschen an, wie sie sind, versuchen wir sie zu verstehen anstatt zu (ver-)urteilen, leisten wir gleichzeitig wertvolle Beiträge für den eigenen Weg ins „Wir". Alle Menschen sind liebenswert, so, wie wir es selber auch sind. Zweifeln wir daran oder lehnen es sogar ab, erheben wir uns und blockieren uns in unserer Entwicklung. Somit haben wir niemals die Verantwortung für das Leben und die Entwicklung der Vision irgendeines Mitmenschen zu übernehmen, das ist der Weg jedes Einzelnen selbst. Wir können sie dennoch dabei unterstützen, ihnen unaufdringlich die Hilfe zur Selbsthilfe geben, damit sie es leichter schaffen können, den ihnen eigenen Weg ins „Wir" zu gehen. Das ist die wahre Demut, die zudem Ausdruck gibt von der universellen Verantwortung, die wir haben. Alles andere würde die eigene Entwicklung derart in den Mittelpunkt unseres Seins stellen, dass wir Gefahr liefen, aus Selbstgefälligkeit wieder Rückschritte in unserer Entwicklung zu machen. Demut heißt Achtung in Liebe zu sich selbst und allem, was um uns ist.

Aus seiner Sicht gibt der Dalai Lama im kleinen Buch der Weisheit Ausdruck über die universale Verantwortung jedes Einzelnen, was gelebter Demut entspricht:

„Ob es uns gefällt oder nicht, wir alle wurden auf dieser Erde als Teil einer großen Familie geboren. Reich oder arm, gebildet oder ungebildet, der einen Nation, Religion, Ideologie zugehörig oder einer anderen – letztlich ist jeder von uns nur ein Mensch wie jeder andere auch. Wir alle wünschen Glück und wollen kein Leid. Darüber hinaus hat jeder dasselbe Recht, seinem Glück nachzugehen und Leid zu vermeiden. Wenn wir erkennen, dass alle Wesen sich in dieser Hinsicht gleichen, werden wir automatisch Empathie und Nähe für sie empfinden. Daraus entsteht wiederum ein echtes Gefühl universeller Verantwortung; der Wunsch, anderen aktiv dabei zu helfen, ihre Probleme zu überwinden."

Freilegen der Intuition

Unser Weg ins „Wir" nimmt seinen Anfang im bewussten Wahrnehmen der Intuition. Im ganzheitlichen Sinne erfahren wir die Intuition

- körperlich als ein Nervengeflecht im Solarplexus, zwei, drei Finger über dem Bauchnabel,
- seelisch als Quelle unserer Gefühle,
- geistig als innere Stimme.

Die *körperliche* Wahrnehmung geschieht,

1. indem wir unsere flache Hand über dem Sonnengeflecht kreisen lassen. Wir sollten es uns zur Angewohnheit machen, in stillen Augenblicken unsere Intuition in der Weise zu stimulieren.

2. indem wir bewusst in unser Sonnengeflecht atmen. Auch hier sollten wir es uns zur Angewohnheit machen, die Atemübung zur Fantasiereise, die am Ende dieses Kapitels beschrieben ist, in unseren Alltag zu integrieren.

Die *seelische* Wahrnehmung geschieht, indem wir bewusst auf unsere Gefühle achten. Ausgangspunkt dazu sind unsere Bedürfnisse. Je nach Grad ihrer Befriedigung erleben wir Gefühle im Positiven von Glück, Zufriedenheit, Freude, Begeisterung usw., im Negativen von Frustration, Enttäuschung, Ärger, Wut.

Die *geistige* Wahrnehmung geschieht, indem wir Zugang zu der inneren Stimme der Intuition bekommen.

Im Grunde befinden wir uns in einem ständigen Dialog mit unseren inneren Stimmen. Unser Kanon der inneren Stimmen wird durch die Stimmenvielfalt des Verstandes gebildet und die *eine* innere Stimme der Intuition. Die Stimmarten des Verstandes sind die re-aktiven Stimmen aufgrund von Lernen und gemachten Erfahrungen, während die innere Stimme der Intuition die des universellen Geistes ist. Der universelle Geist verhilft uns zur Entwicklung unserer Vision und führt unser System von Körper, Seele, Geist immer in Harmonie mit den uns übergeordneten Systemen.

Befinden wir uns nicht im „Wir", kann es z. B. sein, dass wir (noch) nicht anerkennen wollen, dass uns der universelle Geist durch die Intuition führt. Unter diesen Umständen orientieren wir uns mehr an den gemachten Erfahrungen und kommen zu dem Schluss: Vertrauen ist gut, Kontrolle ist besser! Die inneren Dialoge, die wir dann führen, führen wir mit den Stimmen des Verstandes. Wenn wir uns (noch) nicht von der Intuition führen lassen, verunsichern uns die inneren Stimmen, weil sie uns aufgrund der gemachten Erfahrungen unterschiedliche Verhaltensweisen soufflieren. Wir hören u. a. Stimmen des Zweifels und der Skepsis, Stimmen des Wagemuts, Stimmen der Vorsicht und Umsicht. Weil wir uns da heraus zu entscheiden haben, wächst in uns die Angst, das Falsche zu tun. Um sicherzugehen, kalkulieren wir unsere Schritte, lassen uns von Freunden und Bekannten beraten, zaudern, bevor wir uns entscheiden, tun häufig etwas anderes, als wir vorher angekündigt haben. Hören wir auf die Stimmen des Verstandes, gleicht unser Verhalten einem Zickzackkurs, mal ja, mal nein, mal vielleicht, wie es uns aus innerer Willkür heraus für richtig erscheinen mag. Die Unberechenbarkeit und die Ergebnisse daraus verunsichern uns immer mehr und steigern die Angst. Als Folge werden wir immer rationaler, kontrollierter, starrer, restriktiver. Verstand und Angst bilden dann das Duo, das uns in unserem inneren Gefängnis gefangen hält. Urteile bestimmen unser Leben, machen uns zunehmend intoleranter, wir beziehen Positionen, die wir zunehmend durch Streitereien für uns zu entscheiden suchen. Erleben wir, dass wir auf Dauer beim Durchsetzen unserer Positionen den Kürzeren ziehen, laufen wir Gefahr, uns innerlich und äußerlich immer weiter zurückzuziehen und dadurch immer mehr zu vereinsamen. Haben wir unser Denken, Fühlen und Handeln unter das Primat des Verstandes gestellt, sind wir von unserer Einstellung her eher problemorientiert.

Befinden wir uns im „Wir“, lassen wir uns unwillkürlich von der inneren Stimme der Intuition führen. Die anderen Stimmen helfen uns zusätzlich, unseren Weg zu gestalten, helfen uns zu planen, zu organisieren, zu kontrollieren. Der Verstand steht im „Dienst“ der Intuition und ist sozusagen der Designer dafür, dass wir die Rollen und Funktionen, die wir uns auferlegt haben, ordnungsgemäß erfüllen können. Unser System von Körper, Seele und Geist befindet sich im Einklang mit sich und den übergeordneten Systemen. Wir vertrauen und gestalten mit Zuversicht und Freude unser Leben. Haben wir unser Denken, Fühlen und Handeln unter das Primat der Intuition gestellt, sind wir von unserer Einstellung her eher lösungsorientiert.

Sind wir nicht im „Wir“, erleben wir die Stimmen des Verstandes vordergründig. Das heißt, in unserm Kopf tönen die Stimmen und wir glauben, uns ihnen nicht entziehen zu können. Die Stimmen und die damit sich ergebenden Gedanken bestimmen unser Denken und Handeln. Die Stimme der Intuition erleben wir hintergründig. In Ruhephasen, etwa bei einem Waldspaziergang, im Gebet oder in Mußehaltung auf einer Bank kann es passieren, dass wir Zugang zu der Intuition erhalten. Möge es eine Stimme sein oder dass wir einen Einfall haben, bei dem es uns mit einem Mal wie Schuppen von den Augen fällt, wir wissen plötzlich, was wir zu tun haben. Wenn wir uns in solchen Fällen auf unser Sonnengeflecht konzentrieren, spüren wir das bekannte „Bauchgefühl". Je nachdem spüren wir es z. B. im Sonnengeflecht summen oder spüren dort eine Wärme oder wir können mit einem Mal in unseren Bauch atmen.

Gelingt es uns, die Stimme der Intuition zu hören, und zwar dann, wenn *wir es* wollen, dann ist es uns gelungen, dass wir die Stimmen des Verstandes und unsere Gedanken in den Griff bekommen haben, und nicht mehr umgekehrt.

Wie schaffen wir es nun, dass wir die Stimme der Intuition hören, und zwar dann, wenn *wir es* wollen?

Das erste Ziel ist, dass wir uns den Raum der *Leere* zwischen den Stimmen des Verstandes und der Stimme der Intuition erschließen.

Leereübung

Der Beginn kann einfach darin liegen, dass wir uns regelmäßig zu einer festen Zeit am Tag für 15 Minuten in die Stille, z. B. das Schlafzimmer, zurückziehen. Wir sorgen dafür, dass wir nicht gestört werden, setzen uns auf einen Stuhl, schließen die Augen und sammeln uns für 5 Minuten über die Atemübung und das Bild der ziehenden Gedankenwolken gemäß der Fantasiereise am Ende dieses Kapitels. Sind wir darauf eingestellt, bewusst unseren Atem wahrzunehmen, sprechen wir anschließend mit jedem Ausatmen ganz bewusst für 10 Minuten das Wort: Leere. Zur Unterstützung können wir dazu leise Entspannungsmusik nach eigenem Geschmack hören. Diese Übung praktizieren wir konsequent täglich für den Ablauf von ca. 90 Tagen.

Meditation

Nach 90 Tagen sind wir dann bereit für die Durchführung der täglichen Meditation. Zu einer festen Zeit am Tag, am besten morgens nach dem Aufstehen und der Morgentoilette, begeben wir uns für 20 Minuten an einen Platz, an dem wir ungestört sind. Dort setzen wir uns gerade im

Schneidersitz auf den Boden, vor uns eine brennende Kerze. Wir legen unsere rechte Hand mit dem Handrücken auf unsere geöffnete linke Hand und bilden mit den Daumen einen Kreis. Wir führen die Hände an den Bauch, so dass sich im Zentrum des Kreises unserer Daumen der Bauchnabel befindet. Mit oder ohne leise Entspannungsmusik, die wir uns nach eigenem Geschmack auswählen, achten wir für 20 Minuten auf unseren Atem. Wir verfolgen bewusst, wie wir gleichmäßig ein- und ausatmen. Zur Unterstützung können wir unser Ausatmen mit dem Ton: Om begleiten. Gedanken, die kommen und uns beherrschen wollen, lassen wir alle ziehen wie Wolken. Wir lassen einfach los. Wie im Schlaf, wo wir auch keinen willentlichen Einfluss auf unsere Träume haben, unser Verstand also keine Kontrolle ausüben kann, so räumen wir uns in der Meditation die Zeit ein, von den Gedanken loszulassen, „nichts" zu denken.

Vielfältige Unterstützung, sich die Intuition (wieder) zugänglich zu machen, bieten Fantasiereisen auf CD. Eine empfehlenswerte Hör-CD dazu ist: Reise zu Mutter Erde von Phillip Kansa.

Von den „Wir"-Einstellungen ist für die Zeit der „Leereübung" und der Meditation die Geduld die wichtigste. Mit bisherigen Erfahrungen wie: Eigentlich ändert sich doch nichts, alles bleibt beim Alten, egal, was ich auch mache – neigen wir dazu, Veränderungen zum Erlangen größerer Lebensqualität nicht mehr für möglich zu halten. Indem wir nun die dreimonatige Leereübung durchhalten und anschließend täglich meditieren, überwinden wir als Erstes die Wankelmütigkeit unseres Verstandes. Wir halten durch auf dem Weg zum Hören der Stimme der Intuition. Indem uns das gelingt, erschließen wir uns die Beständigkeit, Berechenbarkeit und die Sicherheit für unser Leben.

Fantasiereise zum Hören der Stimme der Intuition

Zu zweit durchzuführen oder durch Aufnahme und Abspielen von Audiogeräten

Ich setze mich ganz bequem auf meinen Stuhl, als wollte ich es mir darauf richtig gemütlich machen. Ich konzentriere mich nun ganz auf meinen Atem. Ich beobachte, wie ich ganz ruhig ein- und ausatme (20 Sekunden).

„Einatmen, Ausatmen, Einatmen, Ausatmen.“ (im Rhythmus des Atmens)

„Ich spüre, wie der Atem durch meine Bronchien in meine Lungen fließt.“ (15 Sekunden Pause)

„Atem ganz ruhig – Atem ganz ruhig.“ (15 Sekunden Pause)

„Ich spüre wie der Atem in meinen Bauch hineinfließt.“ (15 Sekunden Pause)

„Einatmen, Ausatmen, Einatmen, Ausatmen.“ (im Rhythmus des Atmens)

„Ich lasse den Atem durch meinen Körper gleiten – durch meine Lungen (Kurze Pause), *meinen Bauch* (Kurze Pause), *meinen Unterbauch, bis in meine Beine.“* (30 Sekunden Pause)

„Ich bin ruhig und gelassen. Atem ganz ruhig. Atem ganz ruhig.“ (15 Sekunden Pause)

„Ich lasse den Atem nun in meine Arme fließen.“ (15 Sekunden Pause)

„Einatmen, Ausatmen, Einatmen, Ausatmen.“ (im Rhythmus des Atmens)

„Ich bin ruhig und gelassen.“ (10 Sekunden Pause)

„Mein Körper ist nun durchflutet von guter Lebensenergie. Ich fühle mich ganz.“ (15 Sekunden Pause)

„Es atmet mich.“ (15 Sekunden Pause)

„Ich überlasse mich ganz der Ruhe und Entspannung. Ich fühle mich geborgen und sicher.“ (30 Sekunden Pause)

„Ich schaue in Gedanken an den Himmel. (Kurze Pause) *Ich sehe den Himmel tiefblau über mir.* (Kurze Pause) *Keine Wolke verdeckt den Himmel.* (Kurze Pause) *Ich schaue einfach nur in das Himmelsblau.* (Kurze Pause) *Mit einem Mal sehe ich eine große weiße Wolke am Himmel ziehen.* (Kurze Pause) *Ich sehe sie in Gedanken weiterziehen, bis sie ganz verschwunden ist und ich wieder nur den tiefblauen Himmel sehe.* (Kurze Pause) *Ich nehme den Gedanken wahr, der gerade durch meinen Kopf geht.* (Kurze Pause) *Was immer es auch sein mag, ich lasse ihn ziehen, so wie die Wolke gerade.* (Kurze Pause) *Alle Gedanken, die in meinem Kopf sind, lasse ich ziehen, wie Wolken.* (Kurze Pause) *Mein Kopf ist nun leer, so klar und blau, wie der Himmel über mir.* (Kurze Pause) *Nichts ist im Augenblick wichtig, ich kann mich ganz dem Hier und Jetzt hingeben."* (20 Sekunden Pause)

„Ich konzentriere mich nun auf meinen Bauch, zwei Finger breit über meinem Bauchnabel. (Kurze Pause) *Hier im Sonnengeflecht ist meine Intuition zu Hause.* (Kurze Pause) *Zur Unterstützung lege ich die Fingerspitzen meiner Hand auf das Sonnengeflecht und lasse sie darauf sachte kreisen.* (Kurze Pause) *Ich atme bewusst weiter und spüre: Sonnengeflecht mehr und mehr strömend warm. Ich genieße diesen Augenblick von Entspannung und Wohlgefühl."* (15 Sekunden Pause)

„Nichts stört diesen Augenblick der inneren Harmonie und inneren Geborgenheit. Ich genieße die Stille in mir." (20 Sekunden Pause)

„Die Stimme, die nun aus der inneren Harmonie und der inneren Geborgenheit zu mir spricht, ist die Stimme meiner Intuition. (Kurze Pause) *Ihr darf ich vertrauen, es ist eine Stimme voller Geduld und Ruhe.* (Kurze Pause) *Es ist die Stimme, die achtsam zu mir spricht, entsprungen aus einem Quell von Sicherheit und Vertrauen.* (Kurze Pause) *Ich gebe mich dem Augenblick hin. Gibt es etwas, was ich für mich geklärt haben will, bin ich nun bereit, meine innere Stimme für ein paar Minuten wahrzunehmen, um zu hören, was sie mir zur Klärung vermitteln will?"* (4 Minuten Pause)

„Dankbar nehme ich an, was die innere Stimme mir mitzuteilen hatte. Ich freue mich auf die Umsetzung dazu. (Kurze Pause) *Für die Zukunft werde ich genauso verfahren und aus einem Zustand der Entspannung*

und Ruhe hören, was mir die Stimme der Intuition zu sagen hat.“ (Kurze Pause)

„Ich komme nun zurück. Recke und strecke mich, bin nun wieder ganz da.“

Bedürfnisse befriedigen

Bedürfnisse entspringen der Intuition und sind auf dem Weg ins „Wir“ die Entwickler unserer Vision. Alle Bedürfnisse lassen sich auf das Urbedürfnis nach Liebe zurückführen, weil uns Liebe dem universellen Geist entsprechend in diesem Leben überhaupt erst „sein“ lässt. Damit wir wohlbehalten durch das Leben kommen, streben wir die Befriedigung der von der Liebe abgeleiteten Bedürfnisse an, beispielsweise: Lust, Harmonie, Sicherheit, Geborgenheit, Glück, Zufriedenheit. Alles, was wir tun, soll letztlich dazu beitragen, dass wir diese Bedürfnisse befriedigen können.

Zu unterscheiden sind nun die Bedürfnisbefriedigungen im „Wir“ von denen im „Du“/„Ich“.

Bedürfnisse des „Wir“ sind die Entwickler unserer Vision. Durch pro-aktives Handeln zur Befriedigung unserer Bedürfnisse entwickeln wir uns mehr und mehr zu der Person, die wir eigentlich sind. Die Befriedigung unserer Bedürfnisse erfüllt uns, bereitet uns Freude, wir spüren Glück. Bedürfnisbefriedigungen aus der Einstellung des „Wir“ beziehen immer in Beziehungen fördernder Weise Mitmenschen und Umfeld mit ein. Wir handeln in Verantwortung für uns und das, was mit uns ist.

Bedürfnisse aus dem „Du“ bzw. dem „Ich“ entspringen gleichsam der Intuition und wollen uns ebenso wie bei den Bedürfnissen des „Wir“ Befriedigungen von Lust, Glück, Harmonie, Sicherheit, Geborgenheit usw. verschaffen. Im Gegensatz zum „Wir“, wo wir uns von der

Intuition führen lassen, lassen wir uns im „Du“ bzw. dem „Ich“ vom Primat unseres Verstandes leiten. Und unser Verstand zeigt uns nun vielfältige Ersatzhandlungen auf, die dazu beitragen sollen, unsere vorgenannten Bedürfnisse zu befriedigen.

Sitzt jemand beispielsweise den ganzen Tag vor dem Fernseher und entwickelt keine anderen Aktivitäten mehr, mögen Außenstehende das als bedürfnislos ansehen, der oder die Betreffende fühlt sich dagegen zufrieden. Raubt jemand eine Bank aus, mag das für Außenstehende als die Befriedigung des Bedürfnisses von Gewalt und Habsucht aussehen, für den Betreffenden ist es das Befriedigen von Sicherheit. Zeigt sich jemand in exhibitionistischer Weise, mag das für Betroffene als erschreckend und angsteinflößend empfunden werden, für den Betreffenden ist es das Befriedigen von Lust.

Einfache, alltägliche Beispiele erfolgen nach demselben Muster: Geht jemand nach der Arbeit erst einmal in die Gaststätte und kommt nach drei Stunden entsprechend angeheitert nach Hause, mag das für die Ehefrau wie eine ihr persönlich geltende Zumutung erscheinen, für den Betreffenden mag es dagegen das Stillen der Befriedigung nach Anerkennung sein, die er durch die Thekenkollegen erhält.

Schlägt jemand sein Kind, weil es etwas gemacht hat, was es aus seiner Sicht nicht hätte tun sollen, erfährt das Kind dieses Handeln als demütigend und ungerecht. Für den Betreffenden dürfte es der eher hilflose und zudem paradoxe Versuch sein, so sein Bedürfnis nach Harmonie wiederherzustellen.

Spricht eine Ehefrau zwei Wochen nicht mehr mit ihrem Ehemann, mag das für ihn als Schikane und seelische Folter empfunden werden, für die Ehefrau ist es der stumme Hilfeschrei für die Befriedigung von Liebe durch Verständnis.

Alle vom Verstand initiierten Ersatzhandlungen resultieren aus der Befriedigung eines Mangels. Bei allen Ersatzhandlungen gehen neben der vorübergehenden, meist unzureichenden Bedürfnisbefriedigung Gefühle z. B. der Leere, Schuld und der Angst mit einher. Weil diese natürlich unwillkommen sind, werden sie verdrängt. Diese verdrängten Gefühle treiben dann im Unbewussten ihr Unwesen und können den Betreffenden zu irrationalen und übersteigerten Handlungen bei der Befriedigung seines Grundbedürfnisses hinreißen.

So ließen sich alle Aktivitäten Handelnder, gleichgültig, ob sie sich nun im „Du“, im „Ich“ oder im „Wir“ befinden, zurückführen auf die Befriedigung der Grundbedürfnisse, letztendlich auf Befriedigung nach Liebe. Doch nur die Befriedigung der Bedürfnisse im „Wir“ verschafft letztlich die wahre Befriedigung und damit lebenserfüllende körperliche, seelische und geistige Gesundheit.

Bedürfnisbefriedigung auf dem Weg ins „Wir“

Brainstorming der Bedürfnisse

Nach der Leereübung bzw. der Meditation nehmen wir ein Blatt Papier und einen Stift zur Hand, um mit offenem Geist alle Bedürfnisse aufzuschreiben, die uns einfallen. Dabei keine Haltung der Kontrolle oder des Zweifels einnehmen. Alles aufschreiben, selbst wenn uns ein Bedürfnis mehrmals einfallen sollte, und auch, wenn es uns als absurd erscheinen sollte.

Intuitive Bedürfnisauswahl

*Alles Gefundene durchsehen und Doppeltes streichen. Danach von oben nach unten jedes einzelne Bedürfnis fokussieren, atmen, auf „Bauchgefühl“ und innere Stimme hören. Das Bedürfnis, bei dem wir eine Reaktion merken, kennzeichnen wir mit *, wo wir nichts hören* *oder verspüren, markieren wir ein + und bei Ablehnung durch Gefühl und Stimme vermerken wir ein –. Anschließend priorisieren (erstens, zweitens, drittens usw.) wir intuitiv zuerst die mit *, danach die mit + versehenen Bedürfnisse.*

Bedürfnisversinnlichung

Wir fangen mit dem wichtigsten Bedürfnis an, dieses zu visualisieren. Das heißt, wir stellen uns den Vorgang der Befriedigung dieses Bedürfnisses in schönsten Farben, Geräuschen, Geschmäckern, Gerüchen, Gefühlen vor. Wir stellen uns die Mitmenschen oder Gegebenheiten vor, die bei der Bedürfnisbefriedigung mitbetroffen sind, und wie wir sie positiv mit einbeziehen. Dabei legen wir unsere Hand auf den Solarplexus und lassen sie sachte über ihn kreisen. Wir nehmen uns Zeit dafür, und wir genießen die Zeit der Bedürfnisversinnlichung. In der Weise gehen wir Bedürfnis für Bedürfnis durch und schreiben all unser Erleben auf. Wir fahren damit so lange fort, bis wir auf unserer Bedürfnisliste an die Bedürfnisse gelangen, die in uns keine Gefühle mehr vermitteln.

Vision entwickeln

Die Vision unseres Lebens entspricht dem Plot eines Films. Der Plot enthält Thema, Botschaft, Mission, ist Urkraft, Ausgangspunkt. Kurz, er entspricht dem Entfaltungspotenzial des Films. Nun wissen wir aus Erfahrung, es gibt Filmplots, die sich unglaublich spannend und interessant anhören. Gehen wir dann in den Film hinein, erleben wir eher das Gegenteil. Wir sind vom Verlauf enttäuscht. Die Schauspieler spielten dilettantisch, die Story war einfach nur langweilig, das Ambiente des Films in Design, Darbietung und Musik empfanden wir als ärgerlich. Was war geschehen?

Der Produzent des Films hatte einen Regisseur engagiert, der es nicht verstanden hat, aus dem Plot die Entfaltungspotenziale zur Geltung zu bringen. Wenn *wir* Produzent wären und *wir* wollten einen begeisternden Plot filmisch umsetzen, was würden wir tun? Würden wir nicht hingehen und den besten Regisseur engagieren, und zwar einen, der den Ruf hat, einen Film schauspielerisch, gestalterisch, inhaltlich gekonnt in Szene zu setzen, einen Spielberg etwa oder einen Eastwood?

In unserem Leben sind wir gleichzeitig Produzent und Regisseur zur Entfaltung des Plots in *unserem* Film. Somit liegt es an uns, ob wir uns in einem Film mit freudvoller Spannung, einem langweiligen Streifen oder gar Horrorfilm wiederfinden. Produzent sind wir von Haus aus. Regieführung können wir lernen. Wenn wir nochmals hinschauen, was macht denn einen guten Regisseur aus? Ist es das Handwerkliche, die Professionalität oder die Ausstrahlung, mit der er es schafft, den Film attraktiv zu machen? Zuerst ist es die Ausstrahlung, das zu Herzen oder Seele Gehende, dann kommen die anderen Aspekte. So gibt es immer wieder Filme, die mit großer Ausstrahlung und wenig filmischem Aufwand sehr erfolgreich sind.

Wie entsteht *Ausstrahlung*? Sie entspringt der Authentizität. Erleben wir etwas von Grund auf als stimmig, bleiben wir „im Film“. Das passiert dann, wenn sich der Plot entwickelt und wir die Entfaltung der Potenziale ganzheitlich erleben. Dann sind wir mit Gefühlen der Freude, Lust oder auch Trauer dabei, spüren die Gänsehaut, das Schwitzen oder die Tränen und erkennen, dass die Botschaft des Films eine Botschaft des universellen Geistes ist. Dann sind wir ergriffen, beteiligt und mögen eine Unterbrechung oder Störung gar nicht ertragen.

Die *Ausstrahlung* in unserem Leben ergibt sich, wenn wir uns von unserer Intuition führen lassen und pro-aktiv die Vision entwickeln. Alles Weitere ergibt sich von ganz allein. Wir brauchen keinen Gedanken daran zu verschwenden, wie wir unser Leben spannender, interessanter, lebendiger machen können. Aus der Pro-Aktivität bei der Entwicklung unserer Vision ergeben sich automatisch so viele neue Gegebenheiten, Entscheidungen, Begegnungen, die, bewusst gelebt, alle Bedürfnisse in vollem Maße befriedigen.

Sind wir im „Wir“, haben wir den unmittelbaren Zugang über die Intuition zur Vision und entfalten den Plot unseres Lebens, wie in uns angelegt. Alles ist lebendig und stimmig. Wir strahlen von innen nach außen. Wir drehen einen Film des Glücks und der Erfüllung.

Sind wir im „Du“ oder „Ich“, drehen wir genauso unseren Lebensfilm. Mag uns der Plot auch bekannt sein, sind wir doch nicht recht in der Lage, ihn richtig in Szene zu setzen. Varianten können sein: Plot und Handlung stimmen nicht überein oder der Plot klingt spannend, die Handlung entbehrt jeden Reizes oder zum falschen Plot kommt die falsche Handlung. Der Frage, wie der Plot bzw. unsere Vision sowie unser Handeln in Übereinstimmung gebracht werden können, wollen wir uns als Nächstes widmen.

Unsere Bestimmung im Leben ist, dass wir unsere Vision entwickeln. Sind wir im „Du“ bzw. „Ich“ und gehen nicht bewusst unseren eigenen Weg ins „Wir“, wird die Entwicklung unserer Vision ohne Dynamik bleiben und nur teilweise gelingen können. Die Betrachtung unseres bisherigen Lebensweges gibt Aufschluss über die in uns angelegte Vision. Ob nun schulisch, beruflich oder privat und in der Freizeit, bei dem, was wir tun und wie wir es tun, offenbaren sich unsere Talente, Fähigkeiten und Begabungen. Bringen wir sie nicht oder nur teilweise zur Entfaltung, kann sich unsere Vision auch nur dementsprechend entwickeln. Wir bleiben dann hinter den Möglichkeiten in unserem Leben zurück. Für das volle Entfalten der Vision ist ein Mindestmaß an Selbstvertrauen und gesundem Selbstwert nötig, welches wir wiederum durch Heilung von Verletzungen in unserer Kindheit erwerben können. Im Mittelteil dieses Buches befinden sich Ansatzpunkte für die Heilung kindlicher Verletzungen. Für das Bewusstwerden unserer Vision hilft das Erstellen folgender Lebensskripte der Vergangenheit und der Zukunft.

Skript unserer Vision der vergangenen 10 Jahre

Wir nehmen ein Blatt Papier und einen Stift zur Hand und schreiben auf, was uns zu folgenden Fragen einfällt. Vorher bringen wir uns durch bewusstes Atmen in einen Zustand der Ruhe. Am besten widmen wir uns dieser Aufgabe nach der „Leereübung“ oder der Meditation.

Wir schreiben einmal das Datum von vor genau 10 Jahren auf. Wir konzentrieren uns auf dieses Datum, visualisieren, was uns an Bildern zu diesem Datum einfällt. Wir gönnen uns ein paar Augenblicke, um die Gedanken um dieses Datum schweifen zu lassen. Nun schreiben wir mehr oder weniger ausführlich die Antworten zu folgenden Fragen auf? Wie alt war ich damals? Wie alt war mein Partner/meine Partnerin, wie alt waren ggf. meine Kinder? Wie alt war mein bester Freund/meine beste Freundin, wie alt waren ggf. meine Eltern? Was machte ich schulisch oder beruflich, und was erfüllte mich dabei? Was erfüllte mich in meiner Freizeit? Wie war es um meine Gesundheit bestellt, und was tat ich dazu, fit zu bleiben? Wo sah ich meine Stärken und brachte sie für mich erfüllend zum Einsatz? Woran arbeitete ich an mir, um mich weiterzuentwickeln? Was war vor 10 Jahren meine Vision? Was hat sich in den 10 Jahren getan, die Vision zu verwirklichen? Was waren in dem Zeitraum die Entscheidungen, die ich pro-aktiv fällte? Was waren in dem Zeitraum die Entscheidungen, die ich mich durch äußere Umstände gezwungen sah zu treffen? Was fällt mir ansonsten ein, was in diesem Zeitraum für mein Leben und meine Entwicklung von großer Bedeutung war?

Nach Beantwortung der Fragen halten wir einen Teil unseres Lebensskriptes in Händen. Wir schauen noch einmal darüber und spüren nach, welche Gefühle wir bei den einzelnen Antworten haben. Das, was wir fühlen, fügen wir den entsprechenden Antworten hinzu.

Im nächsten Schritt schreiben wir mit Muße und Entspannung zu den jeweiligen Antworten einmal auf, was wir zur Verwirklichung unserer Vision mit dem Bewusstsein von heute anders gemacht hätten.

Lebensskript für unsere Vision für die nächsten 10 Jahre

Wir schreiben einmal das Datum in genau 10 Jahren auf. Wir konzentrieren uns auf dieses Datum, visualisieren, was uns an Bildern zu diesem Datum einfällt. Wir gönnen uns ein paar Augenblicke, um die Gedanken um dieses Datum schweifen zu lassen. Nun schreiben wir mehr oder weniger ausführlich die Antworten zu folgenden Fragen auf? Wie alt bin ich? Wie alt ist mein Partner/meine Partnerin? Wie alt sind ggf. meine Kinder? Wie alt ist mein bester Freund/meine beste Freundin, wie alt sind ggf. meine Eltern? Was mache ich schulisch oder beruflich, und was erfüllt mich dabei? Was erfüllt mich in meiner Freizeit? Wie ist es um meine Gesundheit bestellt, und was tue ich, um fit zu bleiben?

Nun schauen wir 10 Jahre zurück. Pro-aktiv hatten wir unser Leben gestaltet, um unsere Vision zu entwickeln. Was erfüllte uns in den 10 Jahren am meisten? Was waren die glücklichsten und besten Augenblicke, Situationen, Aktivitäten? Welche Entscheidungen fällten wir, um unser Leben unserer Vision gemäß durchzuführen? Was fällt mir ansonsten ein, was in diesem Zeitraum für mein Leben und meine Entwicklung von großer Bedeutung war?

Nach Beantwortung der Fragen halten wir einen Teil unseres künftigen Lebensskriptes in Händen. Wir schauen noch einmal darüber und spüren nach, welche Gefühle wir bei den einzelnen Antworten haben. Das, was wir fühlen, fügen wir den entsprechenden Antworten hinzu.

Pro-Aktivität

Geschrieben steht: Im Anfang war das Wort!
Hier stock ich schon! Wer hilft mir weiter fort?
Ich kann das Wort so hoch unmöglich schätzen,
Ich muss es anders übersetzen,
Wenn ich vom Geiste recht erleuchtet bin.
Geschrieben steht: Am Anfang war der Sinn.
Bedenke wohl die erste Zeile,
Dass deine Feder sich nicht übereile!
Ist es der Sinn, der alles wirkt und schafft?
Es sollte stehn: Im Anfang war die Kraft!
Doch auch indem ich dieses niederschreibe,
Schon warnt mich was, dass ich dabei nicht bleibe.

Mir hilft der Geist! Auf einmal seh ich Rat
Und schreib getrost: Im Anfang war die Tat.

Johann Wolfgang von Goethe: Faust, erster Teil

Gestalten wir unser Leben gemäß unserer Vision und packen die Dinge an, so wie sie sich ergeben, handeln wir pro-aktiv. Pro-aktives Handeln ist zugleich lösungsorientiertes Handeln. Wir wollen ein Ziel erreichen und pflastern unseren Weg dahin mit geplanten Handlungen. Wir bedenken, was zur Zielerreichung alles getan werden muss und zu unserem unmittelbaren Aktionskreis gehört. Wollen wir etwas erreichen, ohne dass es zu unserem unmittelbaren Aktionskreis gehört, haben wir entsprechenden Einfluss auszuüben. Sind wir beispielsweise als Bilanzbuchhalter in einer Firma angestellt, dann würde zu unserem unmittelbaren Aktionskreis das Sammeln und Zusammenführen von Buchungsdaten zur Bilanzerstellung gehören.

Beabsichtigten wir mehr Gehalt zu bekommen oder befördert zu werden, hätten wir entsprechenden Einfluss zu nehmen. Wir müssten uns über unseren unmittelbaren Aktionskreis hinaus an die dafür zuständige Person wenden.

Pro-aktives Handeln ist zugleich systemisches Handeln. Wir haben stets die Konsequenzen unseres Handelns im Fokus zu behalten. Haben wir uns beispielsweise vorgenommen, durch verstärktes Leisten von Überstunden unseren Wohlstand zu mehren, müssen wir uns fragen, ob wir uns dadurch nicht gesundheitlich überfordern oder unsere Familie vernachlässigen. Sofern wir uns dessen bewusst sind und dies in Kauf nehmen, sollten wir uns bewusst sein, dass wir die sich daraus ergebenden Konsequenzen zu verantworten haben.

Die Frage zur Umsetzung pro-aktiven Handelns lautet stets: Wozu tue ich das?

Re-aktives Handeln dagegen ist:

- Gestaltung des Lebens, orientiert an den äußeren Bedingungen,
- sich anpassen an die Forderungen anderer,

- unterwerfen unter die Dominanz des Augenblicks,
- Orientierung an dem, was und wie „es" andere machen.

Solch re-aktives Handeln ist zugleich problemorientiertes Handeln. Eine Situation ist entstanden, die wir nicht vorhergesehen haben, also ein Problem ist entstanden, das uns nun zum Handeln zwingt. Im Grunde ist re-aktives Handeln das permanente Bewältigen von Krisen. Termindruck, Engpässe, Unvorhergesehenes aller Art führen dazu, dass wir mit dem Rücken an die Wand geraten. Zur Bewältigung der Situationen haben wir zuerst zu ermitteln, warum sie entstanden sind, um sie dann zu meistern. Typisch für das re-aktive Handeln ist, dass wir häufig mehr als eine Situation in den Griff zu bekommen haben, und wenn wir glauben eine Situation bewältigt zu haben, dass sich sofort eine neue Krisensituation ergibt. Beim re-aktiven Handeln befinden wir uns in einer vergleichbaren Situation wie der Boxer, der sich ausgelaugt in der 35. Runde eines Kampfes wiederfindet, ohne Aussicht auf ein Ende des Kampfes. Solches Verhalten belastet Seele und Körper über alle Maßen, mit entsprechenden Reaktionen in Form von psycho-physischen Krankheiten, Kollapsen und Gefühlen von „Ausgebranntsein". Mit dem Fokus auf re-aktives Handeln verlieren wir die Freiräume, das Leben so zu gestalten, wie wir es wollen. Das wesentliche Warum liegt in der Analyse der aufgetretenen Probleme ihrer Lösungen. Mit einer solchen Einstellung sind wir nicht mehr der Souverän der Zeitgestaltung, sondern ihr Knecht. Das, was wir tun, brennt uns aus, denn alles ist und wird für uns zur *dringenden* Angelegenheit.

Leben wir unser Leben pro-aktiv, bedeutet das nicht, dass wir damit bereits das Paradies auf Erden haben. Gegenüber dem hauptsächlich reaktiven Verhalten, das uns häufig den Sinn unseres Handelns raubt, behalten wir aber mit pro-aktivem Verhalten stets den Kopf oben und wissen um das „Warum" unseres Tuns und damit um den Sinn. Wir identifizieren uns mit unserem Tun, was uns beim Gelingen erfüllt und, wenn es nicht so klappt, nicht aufgeben lässt.

Enttäuschungen, Ärger und Wut werden mit pro-aktivem Verhalten genauso gefühlt wie beim re-aktiven Verhalten. Nur: Solche Gefühle erzeugen keine Langzeitwirkung, sondern sind Ansporn, aufkommende

Probleme mit Optimismus und Mut zu bewältigen. Auch kommt es bei pro-aktiver Einstellung zu unvorhergesehenen Ereignissen, die akutes Handeln verlangen. Im Gegensatz zum re-aktiven Verhalten, wo uns solche Situationen die eigene Hilflosigkeit spüren lassen, haben wir bei pro-aktivem Verhalten Puffer, Freiräume, die es uns ermöglichen, das nicht Vorhergesehene leicht zu bewältigen. Mit pro-aktiver Einstellung meistern wir das Leben in 80:20-Manier. Das heißt, da im Leben nicht alles planbar ist, sind bei ca. 80 % pro-aktivem Handeln die Freiräume da, um ohne großen Stress mit ca. 20 % re-aktivem Verhalten die Situationen zu bewältigen, die sich unvorhergesehen ergeben.

Wege zur Pro-Aktivität

Schnellhilfe

Das re-aktive Muster entspricht einem Handlungszwang, der sich aufgrund von Reizen und unreflektierten Reaktionen ergibt. Ein Tor zu pro-aktivem Verhalten öffnet sich mit der Erkenntnis: Zwischen Reiz und Reaktion liegt die Freiheit. Diese Freiheit ergibt sich simpel, indem wir bei auf uns von außen oder innen einströmenden Reizen unsere Gedanken stoppen, um die automatische Reaktion zu verhindern. Ein solcher Stopp kann durch das berühmte Zählen bis 10 erreicht werden oder durch bewusstes In-den-Bauch-Atmen oder durch einen Positionswechsel, z. B. aus dem Zimmer gehen. In der Reiz-Reaktions*zwischenzeit* gilt es nun, sich der Freiheit des Handelns bewusst zu werden, ggf. unterstützt durch die „Leereübung“ bei besonderer Nachhaltigkeit des Reaktionszwangs. Die Freiheit besteht nun darin, in einem inneren Brainstorming Handlungsvarianten zu kreieren. Wir konzentrieren uns auf unseren Solarplexus, ggf. unterstützt, indem wir die Hand darauflegen. Wir nehmen wahr, was uns aus der Region der Intuition an Botschaften vermittelt wird. Egal, wie merkwürdig uns das eine oder andere anmuten mag, wir sollten alles, was an Ideen kommt, zusammen mit dem ursprünglichen Reaktionsvorhaben, gedanklich in eine Reihe stellen. Aus den Varianten wählen wir nun, wiederum dem „Bauchgefühl" bzw. der inneren Stimme folgend, das nun für uns stimmige Verhalten aus.

Visionsentwicklung

Für den Weg zur 80 : 20-Pro-Aktivität nehmen wir uns die dafür nötige Zeit, etwa einen Vormittag, einen Nachmittag oder einen Abend. Wir stimmen uns mit der Leereübung oder einer Meditation ein. Dann nehmen wir die beiden Lebensskripte der vergangenen und der künftigen 10 Jahre zur Hand. Hinzu nehmen wir die Liste der von uns als lebenswichtig angesehenen Bedürfnisse, bei denen wir eine Bedürfnisversinnlichung vorgenommen haben. Wir leuchten in beiden Lebensskripten mit einem Marker die für uns begehrenswerten Höhepunkte an. Wir markieren weiterhin, was wir für unser Leben zur Verwirklichung und Erfüllung als notwendig erachten. Dann nehmen wir die Liste der intuitiven Bedürfnisauswahl. Auf einem Blatt Papier schreiben wir ausgehend von dem wichtigsten Bedürfnis auf, wie wir die markierten Passagen unserer Visionen umsetzen wollen. Wir lassen uns dafür Zeit. Wir kombinieren das Niederschreiben mit Spaziergängen, Meditationen usw. so lange, bis wir unser *Manifest der Pro-Aktivität* niedergeschrieben und dafür ganzheitlich das Gespür für Balance und Authentizität erlangt haben.

Ziele setzen mit VERTRAUEN

Haben wir Zugang zu unserem Kanal der Intuition und können die innere Stimme der Intuition hören und lassen uns auch von ihr führen, dann entwickeln wir automatisch unsere Vision. Wir können darauf vertrauen, dass sich in unserem Leben alles so ergeben wird, wie es unserer Bestimmung entspricht. Lassen wir uns von unserer inneren Stimme der Intuition führen, handeln wir folgerichtig pro-aktiv. Wir gestalten dann unser Leben gemäß unseren inneren Maßstäben und können auch mit Unvorhergesehenem gut umgehen. Denn auch bei Unvorhergesehenem führt uns unsere innere Stimme der Intuition und lässt uns das notwendig Richtige erkennen, so dass wir immer in der Lage sind, das zu tun, was unseren Bedürfnissen entspricht.

Haben wir jedoch Schwierigkeiten, unsere Intuition wahrzunehmen, kann es bei der Identifizierung der inneren Stimmen zu Irrtümern kommen. Es kann passieren, dass wir einer der vordergründigen Stimmen des inneren Dialogs folgen, die doch bloß eine Stimme des Verstandes ist, und geraten dann bei unseren Bestrebungen in eine Sackgasse oder ins Dilemma. Weil wir aber dieser vermeintlichen Stimme der Intuition vertrauten, sind wir vom Ergebnis verunsichert. Das führt dazu, dass wir das nächste Mal aus Vorsicht wieder ganz auf den Verstand setzen.

Der Weg, sich ganz der Intuition anvertrauen zu können, gelingt erst nach einer Phase des Erfolgs. Ein Angebot für einen erfolgreichen Weg besteht darin, sich Ziele zu setzen mit VERTRAUEN.

Die Voraussetzung dafür ist, dass wir den Anleitungen in den vorangegangenen Kapiteln gefolgt sind und das *Manifest der Pro-Aktivität* in Händen halten. Das *Manifest der Pro-Aktivität* ist sozusagen der Maßnahmenplan zur Entwicklung unserer Vision. Nun nehmen wir wiederum ein Blatt Papier, ziehen uns nach mittlerweile gewohnter Einstimmung durch Leereübung oder Meditation in Ruhe zurück, um mit Hilfe des Maßnahmenplanes die passenden Ziele zu formulieren.

Beispiel

Maßnahmenbeispiele:

Ich werde mein Englisch vervollkommnen, weil ich spüre, dass das für mich beruflich wie auch privat wichtig werden wird. Als Kind und Jugendlicher sang ich so gerne im Schulchor, deshalb werde ich mich wieder musisch betätigen. Reisen gehört zu meinem Leben, meine Sehnsucht gilt Indien, das Land will ich in absehbarer Zeit besuchen usw.

Beispiele für Ziele setzen:

- Vervollkommnung meiner Englischkenntnisse, Stand „Intermediate 70 %“ durch zwei Sprachenreisen in den Sommerferien für 3 Wochen und den Herbstferien für 2 Wochen nach Malta
- Anmelden im Männer-/bzw. Frauengesangverein am Ort
- Monatliches Sparen von 300,– € für 2 Jahre durch Konsumverzicht, um in zwei Jahren die Reise nach Indien durchführen zu können

Nun ist das mit dem „Zielesetzen“ so eine Sache. Wer kennt es nicht? Wir haben uns etwas vorgenommen, sogar ganz fest vorgenommen, kommen aber nicht dazu, es zu realisieren. Oder wir haben uns etwas vorgenommen, fangen auch mit dem Vorhaben an, um dann irgendwann festzustellen, dass es uns an Nachhaltigkeit mangelt, es weiter zu verfolgen. Die guten Vorsätze zum Jahreswechsel geben ein beredtes Beispiel für Aussichtslosigkeit der Umsetzung. Weil das so ist, haben wir nicht mehr das rechte Vertrauen in uns, dass wir die vorgenommenen Vorhaben, Ziele erreichen. Um das zu verändern, gilt es, alles, was wir uns ernsthaft vornehmen – wie vorher beispielhaft gezeigt – als Ziele zu formulieren. Anschließend gilt es, die Ziele dem „VERTRAUEN“-Check zu unterziehen:

Vision konkretisieren
Emotional engagieren
Richtig formulieren
Termine setzen
Ruhephasen integrieren
Aktionsplan erstellen
Unterstützung mobilisieren
Effekte bedenken
Nachhaltigkeit ermöglichen

Vision konkretisieren

Die Voraussetzung für das Setzen von Zielen mit VERTRAUEN sind das Manifest der Pro-Aktivität und die daraus abgeleiteten Ziele.

Emotional engagieren

Gefühle entspringen der Intuition, der „Nordrichtung" unseres Seins, sie sind somit die Navigatoren in unserem Leben. Sind wir im Alltagsleben gewohnt, unsere Pflichten zu erfüllen, tun wir es irgendwann ohne Gefühlsregungen. Routinen schleichen sich ein, wir funktionieren, finden vieles als selbstverständlich, handeln nach innen oder außen pflichtbewusst. Ein solches Verhalten ist re-aktiv und aufkommende Gefühle sind eher Langeweile, Erschöpfung, Frustration, „Ausgebranntsein". Auch diese Gefühle sind Navigatoren, zeigen sie uns doch an, dass unser Tun uns auf Dauer eher schädigt. Wenn wir diese Gefühle ignorieren, was häufig passiert, denn wir handeln ja pflichtbewusst, zeigen sich auf Dauer physisch-psychische Verschleißerscheinungen, die uns auf Dauer krank machen.

Beim pro-aktiven Verhalten hinterfragen wir den Sinn unseres Tuns und nehmen unsere Gefühle als Navigatoren ernst. Je nach Gefühlen verändern wir uns oder unsere Situation.

Ein Busfahrer beispielsweise, der seinen Beruf nur als Job sieht, um Geld zu verdienen, wird seines Berufes irgendwann überdrüssig und die beschriebenen Gefühle von Langeweile und Frust werden an seiner körperlichen, geistigen und seelischen Gesundheit nagen. Wenn er sich allerdings als Begleiter von Menschen in einer Stadt sieht, die er mag, dann kann Busfahren einen ganz anderen Sinn bekommen. Er freut sich dann auf seine Arbeit, er begleitet Menschen ein Stück auf deren Weg. Er trägt dazu bei, dass sie sicher und wohlbehalten ankommen, wofür er innerlich die Verantwortung übernommen hat. Er kommuniziert mit den Menschen im Rahmen seiner Tätigkeit, sieht sie als Fahrgäste. Außerdem freut er sich darüber, in der Stadt oder Region zu fahren, die er mag oder sogar liebt. Mit einer solchen Einstellung nimmt er wahr, was mit ihm und um ihn herum los ist, und wird bei unvorhergesehenen Ereignissen situationsgemäß angemessen reagieren können. Der Unterschied beider Fälle liegt darin, dass im zweiten Fall der Busfahrer seine Vision lebt, was ihn auch emotional engagiert. Er lebt proaktiv seinen Beruf, gestaltet ihn, sorgt für sich und die Menschen und wird Unvorhergesehenes nicht als Bedrohung sehen, sondern als normale Vorkommnisse gemäß der 80:20-Formel. Während die Gefühle im ersten Fall ignoriert werden und damit ihre negativen Dynamiken entfalten, sorgen die Gefühle im zweiten Fall dafür, dass er gesund bleibt, positiv und ausgeglichen sein Leben führen kann.

So gilt es bei allen unseren Handlungen, den Sinn dahinter zu verstehen. Wenn wir bewusst handeln, werden wir auch unsere Gefühle wahrnehmen. Achten wir darauf, was sie uns mitteilen wollen, und richten uns danach, können wir sicher sein, dass wir wohlbehalten durchs Leben navigiert werden.

Richtig formulieren

Ziele des VERTRAUENs sind richtig formuliert, wenn sie konkret ausdrücken, was wir erreichen wollen, und wenn sie *positiv* formuliert sind.

Ziele, die wir setzen und allgemein sind, werden wir nicht erreichen können, weil sie nicht richtig messbar sind. Nehmen wir uns vor, ab sofort gesund zu leben, können wir die Dimension von „gesund“ gar nicht richtig erfassen. Gesund leben mag bedeuten, weniger und gesünder essen, nicht mehr rauchen, mehr Bewegung usw. Eben weil es so vielschichtig ist, wird es beim Vorhaben bleiben. Wir werden wohl da und dort bewusster handeln, insgesamt gesehen werden wir jedoch das alte „ungesunde“ Verhalten beibehalten.

Für das Ziel von „gesund leben" wäre für den Einzelnen z. B. richtig formuliert: Ab 5. Februar werde ich 2 x wöchentlich joggen gehen. Vorgesehen ist der Sonntagmorgen und der Mittwochabend. Schaffe ich es nicht an den beiden Tagen, weiche ich auf den jeweiligen Folgetag aus. Joggen werde ich am Baggersee auf einem Rundkurs von 5 km.

Ein Ziel, so formuliert, ist gleichzeitig auch ein Vertrag mit sich selbst. Wie bei einem richtigen Vertrag, entstehen daraus Pflichten, die, wenn sie nicht eingehalten werden, mit Konsequenzen verbunden sind.

Forschungen haben ergeben, dass unser Gehirn nur positiv denken kann. Das hat zur Folge, dass negative Vorhaben und Ziele genau das Gegenteil bewirken. Nehmen wir uns vor: „Ich rauche nicht mehr", setzt unser Gehirn das in den positiven Impuls „Rauchen" um. Nehmen wir uns vor: „Ich trinke kein Bier mehr", beschäftigt sich unser Gehirn nur noch mit dem Thema „Bier trinken", so dass wir allein dadurch ständig animiert werden, es zu tun. Geläufig ist auch die Situation, wenn wir einem Kind zurufen: „Fall nicht hin!" Dann passiert genau das, was nicht passieren soll. Das Gehirn muss sich erst mal klar werden, was nicht passieren soll, darüber entsteht im Bewusstsein des Kindes eine vorübergehende Unaufmerksamkeit – und es fällt über den Stein, den es gerade nicht gesehen hat. Aus diesem Grunde ist es wichtig, Ziele immer positiv zu formulieren.

Termine setzen

Wie beim vorherigen Joggingbeispiel ist es wichtig, sich für den Start der Zielumsetzung ein Datum zu setzen. Tun wir das nicht, schieben wir das Vorhaben vor uns her, bis es seine Bedeutung verloren hat. Im Joggingbeispiel hätten wir auch statt des gesetzten Termins „sofort" an die Realisierung gehen können. Für die Terminsetzung ist es aber immer wichtig, auf unsere Intuition zu achten, denn nicht immer sind wir für die Realisierung sofort willens oder dazu imstande. In manchen Fällen ist es allerdings unabdingbar, dass wir einen Termin setzen, weil die Zielumsetzung nicht sofort passieren kann.

Nehmen wir uns beispielsweise vor, unsere Englischkenntnisse zu verbessern und wollen das über die Volkshochschule tun, werden wir uns informieren, wann der nächste Kurs beginnt, um den Termin kalendermäßig zu planen.

Je nachdem gilt es auch, Endtermine zu setzen. Haben wir uns z. B. vorgenommen abzunehmen, ist es sehr hilfreich, einen realistischen Zeitraum dafür einzuplanen und die Zwischenziele daraufhin einzurichten.

Ruhephasen integrieren

Ziele setzen mit VERTRAUEN lebt von und mit der Intuition. Ohne Besinnung auf „Bauchgefühl“ und innere Stimme der Intuition geben wir dem Verstand die Möglichkeit, sich wieder in den Vordergrund zu schieben. Immerhin hat uns der Verstand lange geführt. Er gab uns ein Gefühl von Orientierung. Diese stellte sich im Nachhinein häufig als sehr zweifelhaft dar. Da wir jedoch alternativlos waren, mussten wir zwangsläufig seinen Eingebungen glauben und ihm folgen. Auf dem Weg, der Intuition die Führung zu geben und den Verstand dazu zu bringen, sich ihr unterzuordnen, bedarf es einiger Geduld. Die haben wir schon aufzubringen, weil die Erfassung der inneren Nordrichtung sich nicht erzwingen lässt. Die Leereübung und die Meditation bilden die klassische Vorgehensweise zur Wahrnehmung der inneren Stimme der Intuition. Wer zusätzliche Varianten anwenden möchte, findet sie z. B. im autogenen Training. Bewusste Ruhephasen können auch Spaziergänge oder das Hören entspannender Musik sein. Im Grunde können alle individuellen Möglichkeiten angewendet werden, solange sie den Raum für innere Einkehr bieten.

Aktionsplan erstellen

Der Aktionsplan ist im Grunde nichts anderes als die ausführliche Beschreibung zu den einzelnen Punkten des hier Behandelten: Ziele setzen mit VERTRAUEN. Wichtig ist nur, dass wir die Punkte schriftlich niederlegen, damit wir uns immer wieder daran erinnern und uns *nachhaltig* daran orientieren können.

Unterstützung mobilisieren

Nicht immer ist es ohne weiteres möglich, die VERTRAUEN-Ziele ohne Hilfe umzusetzen. Kommen wir diesbezüglich an unsere Grenzen, ist es unsere Aufgabe, pro-aktiv für Abhilfe zu sorgen.

Wollen wir z. B. unsere Englischkenntnisse verbessern und liegt die Zeit des Englischkurses genau in dem Zeitraum, wenn unsere Kinder zu Bett gehen, bedeutet das eben nicht, auf die Weiterbildung zu verzichten, sondern Unterstützung zu mobilisieren. Wenn familiäre Hilfe nicht greifbar sein sollte, gibt es bestimmt einen Jugendlichen in der Nachbarschaft, der für ein paar Euro bereit ist zu helfen.

Unterstützung mobilisieren bedeutet für viele, den Fokus von der Problemorientierung auf die Lösungsorientierung zu wenden. Seien wir doch ehrlich, bei wie vielen Dingen, die wir in der Vergangenheit zu tun hatten, sahen wir so viele Probleme, dass wir von vornherein verzagten, sie umzusetzen. Lösungsorientierung bedeutet, das Bedürfnis für diesen Teil der Visionsentwicklung ins Zentrum zu setzen und mit Hilfe der Intuition zur Umsetzung zu gelangen. Dazu nehmen wir die Unterstützung an, die wir anfordern oder die uns angeboten wird.

Effekte bedenken

Damit der Verstand von sich aus erkennt, dass es für ihn das Beste ist, sich der Intuition unterzuordnen, sollte ihm die Möglichkeit gegeben werden, bessere Einsichten zu gewinnen. Der Weg dazu wäre, alle positiven und negativen Effekte im Prozess zum Erreichen des jeweiligen Zieles aufzuschreiben. Unserer Intuition folgen bedeutet, nicht immer den einfachsten Weg zu gehen. Zum anderen kann es sich ergeben, dass der geplante Weg zur Erreichung des Zieles möglicherweise nicht der geeignete ist. Weil sich vielfach Schwierigkeiten auf dem Weg zum Ziel ergeben, mag unser „kritischer" Verstand häufig gar nicht glauben, dass die Schwierigkeiten nur am Weg und nicht am Ziel selber liegen. Den Satz „Das Ganze ist doch sowieso zum Scheitern verurteilt" dürften wir mehr oder weniger laut von unserem Verstand souffliert bekommen. Indem wir aber von vornherein alles zu Erwartende aufschreiben, können wir nachher mit der Realität viel besser umgehen.

Um bei dem Beispiel der Vervollkommnung unserer Englischkenntnisse zu bleiben, es kann der Umstand eintreten, dass Familie und Jugendliche als Babysitter für das Zubettbringen unserer Kinder nicht zur Verfügung stehen. Eine denkbare Variante könnte sein, die Kinder bereits vorher ins Bett zu bringen. Wahrscheinlich wäre das früher als gewöhnlich. Dann könnte ihnen erlaubt werden, im Bett zu lesen. Möglich wäre auch, dass wir Nachbarn bitten, nach dem Rechten zu schauen. Auf Nachfrage wären Nachbarn möglicherweise sogar bereit, den Kindern etwas vorzulesen.

Wenn alles nichts fruchtet, werden wir das Ziel des Englischlernens selbstverständlich beibehalten. Wir müssten unser Vorhaben nun allerdings anders strukturieren, z. B., indem wir einen anderen Termin, eine andere Bildungsorganisation oder einen Fernlehrgang auswählen.

Die Auflistung der Effekte beinhaltet alle positiven und alle negativen Effekte. Diese können im Falle des Englischlernens z. B. sein: positiv, dass wir zu dem begehrten beruflichen Auslandseinsatz gelangen, negativ, dass wir auf Freizeit verzichten oder liebgewonnene Tagesabläufe verändern müssen.

Nachhaltigkeit ermöglichen

Die Einhaltung der einzelnen VERTRAUEN-Punkte für die Zielsetzung setzt voraus, dass wir uns den Weg der Pro-Aktivität jeden Tag als Aufgabe setzen. Die Erfolgserlebnisse, die sich daraus alsbald einstellen, bilden ab da die positiven Verstärker für die Nachhaltigkeit. Dennoch wissen wir, dass es nicht immer so leicht ist, neue Verhaltensweisen konsequent durchzuhalten. Darum gehört schon eine gewisse Disziplin dazu, unseren Verstand, der uns am Anfang immer wieder verleiten möchte, ins alte Fahrwasser zurückzufallen, zu bändigen. Darum sind die Ruhepausen mit den Phasen der inneren Einkehr elementar auf dem Weg der Zielumsetzung mit VERTRAUEN. Erst dann ermöglichen wir Nachhaltigkeit zum Verwirklichen unserer Vision.

Wege zur „Wir"-Kommunikation

Kommunizieren zwei Menschen miteinander, findet nicht nur ein Austausch von Botschaften statt, sondern es ist vielmehr das Aufeinanderprallen von zwei völlig verschiedenen Weltbildern. Das, was wir senden, wird getrieben von unserem Unbewussten und von unseren Emotionen, so dass wir uns mit jeder Botschaft nicht eindimensional, sondern ganzheitlich offenbaren, was zu einer Mehrseitigkeit der Botschaft führt. Als Empfänger nehmen wir die Mehrseitigkeit der Botschaft wahr und interpretieren sie vor dem Hintergrund des eigenen subjektiven Weltbildes.

Der Grund für die Mehrseitigkeit von Botschaften durch den Sender und deren subjektive Interpretation durch den Empfänger liegt im ganzheitlichen Einbringen von Sender und Empfänger in die gegenseitige Kommunikation. Wir sprechen halt nicht nur miteinander, sondern kommunizieren unwillkürlich auf allen Ebenen des Körpers, der Seele und des Geistes miteinander. Zudem kommunizieren wir in den „Du"- und „Ich"-Stadien aus der eigenen Betroffenheit der noch nicht geheilten Verletzungen unserer Kindheit heraus. Das kann dazu führen, dass wir

als Sender
- unter dem Schutz von (Vor-)Urteilen, Ressentiments, Unterstellungen, Anmaßungen usw. kommunizieren,

als Empfänger
- von unserem Gegenüber akustisch etwas hören, es aber nicht verstehen (wollen),
- etwas hören, bestimmte Schlüsselworte des Gegenübers uns entweder rechtfertigen lassen oder uns provozieren.

Auch wenn wir gewillt sein mögen, den Sender zu verstehen, gelingt es doch nicht, weil wir anstatt zuzuhören und zu fragen, unreflektiert auf gesendete Reize reagieren. Unwillkürlich fallen wir in Kommunikationsfallen oder treten auf Kommunikationsbremsen des Interpretierens, Kommentierens, Diagnostizierens, Moralisierens, Dogmatisierens, Identifizierens usw.

Das Ziel ist das Erreichen einer „Wir“-Kommunikation. Diese ist dadurch gekennzeichnet, dass zwei miteinander kommunizierende Menschen bestrebt sind, sich gegenseitig ganzheitlich zu verstehen.

Kommunikation nach innen

Zum Freilegen der Intuition müssen wir erst einmal die inneren Stimmen sortieren. In den Entwicklungsstadien des „Du“ und des „Ich“ ist die Vielfältigkeit der Stimmen des Verstandes typisch. Je nachdem, mit wem wir kommunizieren, erhalten wir von den inneren Stimmen Impulse, die mitunter alles andere als rational sind. Wir reagieren durch den Sender auf verbale und nonverbale Reize, die Gefühle und Projektionen in uns auslösen, wonach uns die inneren Stimmen dann häufig

Dinge sagen lassen, die jeglicher Sachlichkeit entbehren. Die Kommunikation nach innen liefert uns dann je nach Situation Einsichten des „Sowohl-als-auch“, des „Entweder-oder“, des „Komm-und-geh“. So wirken wir im Grunde auf uns selbst und damit auch für unsere Kommunikationspartner mal unklar, widersprüchlich oder ambivalent.

Die typische innere Kommunikation im „Du“-Stadium resultiert aus subjektiv erfahrener Verletzung, Undankbarkeit und Ungerechtigkeit, begleitet von Gefühlen der Ohnmacht, Hilflosigkeit und Minderwertigkeit. Daraus entstehen Gedanken der Sehnsucht nach Frieden, Harmonie und Verständnis.

Die typische innere Kommunikation im „Ich“-Stadium resultiert aus subjektiv erfahrener Niederlage, Demütigung und Schmach, begleitet von Gefühlen von Wut, Zorn und Groll. Daraus entstehen Gedanken der Sehnsucht nach Omnipotenz, Macht, Ruhm und Sieg.

Ziel ist es nun, die „Wir“-Kommunikation sowohl nach innen als auch nach außen zu praktizieren. Dazu haben wir zuerst aus dem inneren Stimmenkanon heraus die Stimme der Intuition durch die bereits beschriebene „Leereübung“ bzw. durch Meditation zu identifizieren. Im „Du“ und „Ich“ regiert der Verstand. Er versucht, uns durch Kontrollverhalten Vertrauen zu vermitteln. Das führt jedoch nur dazu, dass wir, um nur ja keinen Kontrollverlust zu erleiden, auf äußere Reize *sofort* reagieren. Erst, wenn es uns gelungen ist, die Stimme der Intuition wahrzunehmen und auch das Vertrauen zu haben, uns von ihr führen zu lassen, sind wir wirklich in der Lage, authentisch zu kommunizieren. Zwischen Reiz und Reaktion liegt die Freiheit. Erst nachdem wir uns diese Freiheit erschlossen haben, sind wir in der Lage, eine vom Bauchgefühl geleitete „Wir-Kommunikation“ in folgender Art und Weise zu betreiben:

- Wir nehmen nichts persönlich und vermeiden das Generalisieren von Verhaltensweisen. Wir nehmen die Menschen an, mit denen wir kommunizieren. Wir respektieren sie in ihrem „So-Sein“ und unterscheiden damit den Kommunikationsgegenstand vom Menschen. Damit vermeiden wir das Urteilen (Beurteilen, Verurteilen, Vorurteilen) über Menschen aufgrund subjektiver Erfahrung. Wir stellen uns auf unser Gegenüber jedes Mal neu ein, gewillt, es auch wieder neu zu verstehen.

- Wir verstehen uns selbst im ganzheitlichen Sinne. Dadurch gewinnen wir das Bewusstsein für unsere Bedürfnisse und die davon abgeleiteten Interessen einschließlich der Gefühle.
- Wir verstehen unser Gegenüber im ganzheitlichen Sinne. D. h., wir entwickeln das Verständnis über Beobachtung seines nonverbalen Verhaltens und durch „verstehendes Zuhören" und „Fragenstellen". So erlangen wir das Bewusstsein für seine Interessen und die zugrunde liegenden Bedürfnisse. Das hilft uns, bei der willkürlichen oder unwillkürlichen Einnahme von Positionen unseres Gegenübers mit ihm den Weg des Konsenses zu gehen. Anstatt einen Kampf aus festgefahrenen Positionen zu führen, bei dem es in jedem Fall mindestens einen Verlierer gibt, führen wir einen gemeinsamen Interessenausgleich durch. Ergebnis dieser Vorgehensweise ist, dass beide Seiten das Gefühl haben, Gewinner zu sein.
- Wir objektivieren Unklarheiten, d. h., wenn wir mit einem Gegenüber kommunizieren und es fließen aus nicht verheilten psychischen Verletzungen Befrachtungen aus dem „Du" oder „Ich" mit ein, dass wir dann, statt das Ganze persönlich zu nehmen, die Werkzeuge des „verstehenden Zuhörens" und des „Fragenstellens" einsetzen. Befrachtungen aus dem „Du" können z. B. Klagen oder Rechtfertigungen sein, weil sich unser Gegenüber durch uns gekränkt fühlte. Befrachtungen aus dem „Ich" können z. B. Behauptungen oder Attacken sein, weil sich unser Gegenüber glaubte zur Vermeidung einer drohenden und für ihn schmählichen Niederlage schützen zu müssen. In allen Fällen erzeugen wir die „Wir-Augenhöhe", in dem wir Anteilnahme für die eingetretene Situation äußern (=verstehendes Zuhören), um anschließend objektivierend zu klären, was er denn mit seinen Äußerungen gemeint hat.

Vom Selbstverstehen zum Verstehen

Selbstverstehen

Der Weg zum Verstehen geht über das Selbstverstehen. Wir müssen schon selbst klar sein, ehe wir andere Mitmenschen, und seien sie uns noch so vertraut wie Kinder, Eltern oder Lebenspartner, verstehen können. Befinden wir uns innerlich wie in einem Dschungel oder kommen wir mit uns in bestimmten Situationen selbst nicht zurecht, wie könnten wir annehmen, andere wirklich verstehen zu können? Die Annahme, dass wir es dennoch könnten, ist dann nichts weiter als eine Projektion. Ratschläge, die man für sich nicht umsetzen kann oder mag, werden anderen als geeignete Lebenshilfe angedient.

Begegnet uns nicht immer wieder das Phänomen, dass wir Mitmenschen begegnen, bei denen wir den Eindruck haben, dass sie mit ihrem eigenen Leben irgendwie nicht richtig klarkommen, die dennoch glauben, anderen „gute Ratschläge“ geben zu können? Auch im therapeutischen Bereich finden wir Fälle, dass Therapeuten anderen Menschen „kompetente“ Beratung, sogar Therapie zukommen lassen, die sie offenbar für sich selbst nicht umsetzen können. Hier nun kommt zum Selbstverstehen die Verantwortung dazu. Das bedeutet, dass wir in den Bereichen, wo wir uns selbst unklar sind, uns mit Ratschlägen gegenüber anderen zurückhalten sollten. Wenn wir es nicht tun, ergänzen wir den inneren Stimmenkanon unserer Gesprächspartner nur um eine weitere Stimme, was deren Verwirrung nur noch mehr steigert. Gefährlich wird es dann, vor allem im therapeutischen Rahmen, wenn uns Vertrauen entgegengebracht wird und unsere Ratschläge in gutem Glauben umgesetzt werden, die dann seelischen oder körperlichen Schaden anrichten.

Das Selbstverstehen steht also am Anfang des Verstehens. *Der erste Schritt* auf dem Weg dahin besteht darin, die Stimme der Intuition freizulegen. Dazu gilt es zuerst, innerlich Distanz zu dem Stimmenkanon zu bekommen, der in uns ertönt. Da die vordergründigen Stimmen allesamt dem Verstand entspringen, haben sie auch alle ihre Begrenztheit. Da wir nicht wissen können, welche der Stimmen uns nun die richtige

Eingebung vermitteln will, hören wir zwangsläufig auf zwei oder mehr und sind anschließend völlig verwirrt, weil wir uns in inneren Sackgassen oder Dilemmas wiederfinden. Mit der „Leereübung" oder Meditation gelangen wir mit Geduld dahin, die tiefer liegende und leise Stimme der Intuition zu hören. Geduld ist dabei das Wichtigste, denn erzwingen können wir das Hören der Stimme der Intuition nicht. Im Gegenteil, wenn wir uns verkrampfen oder enttäuscht werden über offensichtlichen Misserfolg in unserem Bemühen, wird uns das Hören kaum gelingen. Erste Erfolge stellen sich ein, wenn wir z. B. in der Leereübung so loslassen können, dass wir für ein paar Augenblicke in der Lage sind, ganz bewusst wahrzunehmen, was um uns herum passiert. Wenn wir z. B. Vogelzwitschern hören und in der Ferne das Rauschen der Autobahn, wenn wir den eigenen Herzschlag wahrnehmen können, uns selbst fühlen können, wenn wir bewusst riechen können, was gerade in der Luft ist, dann ist es uns gelungen, und sei es nur für ein paar Augenblicke, unsere Gedanken ziehen zu lassen. Wenn uns das gelingt und wir weiter dranbleiben und üben und damit die Zeiten der „Bewusstheit" verlängern, werden wir früher oder später die Stimme der Intuition hören.

Wieso ist ein offenkundig so simpler Vorgang dennoch so schwer erreichbar? Der Hauptgrund liegt darin, dass wir der „Leereübung" oder „Meditation" keine Zeit einräumen. Erst wenn es uns gelingt, unser inneres Muster der Dringlichkeit zu durchbrechen und uns selbst wichtig zu nehmen, werden wir es schaffen. Dieses Buch will nur einen Pfad zum Freilegen der Intuition aufzeigen. Wer mehr mag, findet in jeder gut sortierten Buchhandlung eine Fülle von Anregungen und Informationen. Grundsätzlich reicht es, wenn wir zu Beginn für die Dauer von ca. 90 Tagen jeden Tag 10 Minuten die „Leereübung" durchführen, dann nach den 90 Tagen mindestens einmal am Tag für ca. 20 Minuten meditieren.

Nachdem es uns gelungen ist, die Stimme der Intuition zu hören, ist *der zweite Schritt* auf dem Weg zum Selbstverstehen, uns auf die Führung der Intuition einzulassen. Um nicht durcheinanderzukommen, heißt es achtsam mit uns zu sein und uns in Geduld zu fassen, wenn es nicht gleich so richtig klappen mag. Selbstverstehen und Verstehen erfordern ein gewisses Maß an Einfühlung mit uns und den anderen. Und für die Einfühlung wiederum ist es nötig, eigene Gefühle überhaupt zu spüren. Den Weg zum Selbstverstehen als Voraussetzung für das Verstehen zeigt folgendes Beispiel aus der therapeutischen Praxis:

Die 17-jährige Tochter einer Klientin kam zu ihr und sagte: „Ich gehe heute nicht in die Schule, zuerst gehe ich zum Orthopäden. Ich habe dort einen Termin und anschließend gehe ich sofort zum Tag der offenen Tür der Fachhochschule.“ Daraufhin antwortete die Klientin ihrer Tochter: „Wenn du das machst, brauchst du dich über die schlechten Noten im Zeugnis nicht zu wundern. Wer weiß, ob du das überhaupt noch schaffst.“ Als Reaktion darauf rastete die Tochter aus, schrie die Mutter an und verließ mit lautem Türknallen die Wohnung.

Vom Verstand her hatte es die Mutter sehr gut gemeint. Sie machte sich Sorgen, die versäumten Stunden könnten dazu führen, dass ihre Tochter den Schulstoff nicht mehr mitbekommt und die dadurch bedingten schlechten Leistungen ihre Ziele verbauten. Nur lag der Verstand in diesem Fall, wie in allen Fällen, wenn er als alleiniger Ratgeber genutzt wird, ziemlich daneben. Wie sich nachher herausstellte, war der Tag der offenen Tür an der Fachhochschule nur vormittags, und da die Tochter beabsichtigte, dort zu studieren, blieb ihr gar nichts anderes übrig, als an diesem Vormittag auf den Schulbesuch zu verzichten.

In der Praxis erklärte die Klientin: „Meine Reaktion tut mir leid. Doch, was soll ich machen, solche Situationen entstehen immer wieder, ich verstehe mich selbst nicht.“

Die Klientin praktizierte *als ersten Schritt des Selbstverstehens* die 90-tägige „Leereübung“ und schloss einmal am Tag die Meditation an, bis es ihr gelang, eine innere Distanz zu den Stimmen des Verstandes zu bekommen. Das brachte ihr als Erstes die Freiheit, nicht mehr auf bestimmte Schlüsselreize sofort reagieren zu müssen. Diese Freiheit half ihr, mit brenzligen Situationen umsichtiger umgehen zu können. In der therapeutischen Arbeit erkannte sie, dass sie als Kind z. B. in Bezug auf die Schule keine Freiheiten besessen hatte. Der Vater wollte, dass sie diszipliniert ihre Aufgaben machte, damit sie später in der Lage sein sollte, eine anspruchsvolle Ausbildung zu absolvieren. Nun hatte sie aus ihrer Sicht „nur" Krankenschwester gelernt, aber den väterlichen Anspruch verinnerlicht. Weil sie den Anspruch hasste und sich selbst anklagte, eine Versagerin zu sein, kam er nun als Projektion im Verhältnis zur Tochter wieder zum Tragen. Immer, wenn sich ihre Tochter aus ihrer Sicht irgendwelche Freiheiten herausnahm, reagierte sie unkontrolliert, wütend und aufbrausend.

Im weiteren Verlauf der therapeutischen Arbeit gelang es der Klientin immer mehr, auf ihre Intuition zu hören und ihr zu folgen. Statt impulsiv auf Schlüsselreize zu reagieren, hörte sie in sich hinein und lernte, ihr Bauchgefühl zu deuten. Anstelle des Verstandesmusters von Reiz und Reaktion lieferte ihr die Intuition nunmehr ganzheitliche Antworten. Mehr und mehr war sie in der Lage, ihre Interessen und die der Tochter nachzuvollziehen und in strittigen Fragen einen Konsens zu finden. Vor allem wurde es ihr immer leichter, vom Kontrollverhalten loszulassen. So entwickelte sich im Laufe der Zeit zwischen beiden ein enges Vertrauensverhältnis.

Effekte der Nicht-Führung und *der Führung durch die Intuition*

Wie gehen wir im Allgemeinen vor, wenn wir größere Investitionen tätigen wollen? Nach welchen Kriterien gehen wir z. B. bei einem Autokauf vor? Ist der Wunsch Vater des Gedanken, werden wir ihn rasch in eine „vernünftige" Kaufentscheidung umsetzen. Haben wir keine rechte Vorstellung, werden wir Angebote sichten und anschließend zu einer „vernünftigen" Kaufentscheidung kommen, in der Regel nach Preis-/Leistungskriterien. Solche rationalen Sichtweisen haben nur den Autokauf als solchen im Fokus und wie er am besten bewerkstelligt werden kann.

So kann außer Acht bleiben, dass wir gerne einen Kinderwunsch realisieren wollen, und wenn wir dann nach 9 Monaten Vater oder Mutter von Zwillingen werden, stellen wir fest, dass unser fast neues Auto viel zu klein ist.

Beim Kauf des Autos mag es uns auf Sportlichkeit und Esprit angekommen sein, den wir zusammen mit unserem Partner genießen wollten. Nun ergibt sich beruflich, dass wir innerhalb von zwei Jahren im Rhythmus von jeweils 3 Monaten zwischen der Niederlassung in Südafrika und zu Hause pendeln müssen. Damit stellt sich der Kauf des Autos als unwirtschaftlich heraus, da wir ihn unter Verlust wieder rückgängig machen müssen.

Statt der Logik und Entscheidungsfreude unseres Verstandes liefert uns die Intuition systemische Antworten. Wenn wir im ersten Fall auf die Intuition gehört hätten, wäre uns der Kinderwunsch in der Meditation deutlich bewusst geworden und wir hätten ihn an die 1. Stelle unserer Prioritätenskala gesetzt. Wegen der Nachrangigkeit des Autowunsches hätten wir uns damit nun in Geduld fassen können, um dann beizeiten die richtige Autowahl zu treffen.

Die systemische Antwort im zweiten Fall hätte Schweigen der Intuition sein können. Trotz des großen Wunsches nach einem neuen Auto, bei dem sich unser Verstand an Pferdestärken und Drehzahlmomenten berauschte, hätten wir über unser Bauchgefühl gespürt, dass mit dem Autokauf etwas nicht stimmt, und das Schweigen der inneren Stimme hätte uns signalisiert, dass die Zeit dazu nicht reif gewesen wäre.

Verstehen

Verstehendes Zuhören

Empathie beschreibt das Vermögen des Einzelnen, sich in den anderen, in sein Körper-Seele-Geist-System hineinzuversetzen, ihn ganzheitlich verstehen zu können. Verbalisiert wird dieses „Sich-in-den-anderen-hineinversetzen-Können“ durch das „aktive Zuhören“. Beim „aktiven Zuhören“ wenden wir uns unserem Gegenüber zu und spiegeln ihm das Gesagte im Fokus seiner Gefühle. Das „verstehende Zuhören“ geht insofern über das „aktive Zuhören“ hinaus, weil vor dem „Sich-in-den-anderen-Hineinversetzen“ das „Sich-selbst-Verstehen“ kommt. Hinzu kommt die Annahme des anderen in seinem „So-Sein“, ohne Wenn und Aber. Daraus ergibt sich die Kommunikation in Partnerschaft. Diese Kommunikation der Partnerschaft ergibt sich auch dann, wenn wir konsequent das „verstehende Zuhören“ praktizieren und unser Gegenüber mit Anteilen aus dem „Du“ oder „Ich“ kommuniziert. Konsequentes „verstehendes Zuhören“ bildet somit immer die Brücke zum Gegenüber für eine Kommunikation im „Wir“.

„verstehendes Zuhören“ setzt außerdem das „Zuhören“ voraus. Das Zuhören umfasst

- das Zuhörenwollen,
- dem anderen mit Blickkontakt zugewandt sein,
- Interesse und Anteilnahme,
- achtsam sein für die Bedürfnisse des anderen,
- das Zurückstellen eigener Probleme und Gedanken.

Sind wir dem anderen in dieser Weise zugewandt, bieten wir den optimalen Resonanzboden für das Verstehen. Wir spiegeln unserem Gegenüber das Gehörte mit eigenen Worten, vervollständigt mit ganzheitlichen Eindrücken, z. B. der Körpersprache, Gestik und Mimik. Beim Spiegeln halten wir – wie beim Zuhören – den Kontakt zum anderen und achten dabei auf unser Bauchgefühl. Das Bauchgefühl signalisiert uns wie ein Seismograph die Balance oder Disbalance zu unserem Gegenüber.

Beispiel 1

Verstehendes Zuhören am obigen Klientenbeispiel:
17-jährige Tochter kommt zur Mutter und sagt: „Ich gehe heute nicht in die Schule. Zuerst gehe ich zum Orthopäden, weil ich da einen Termin habe, und anschließend gehe ich sofort zum Tag der offenen Tür bei der Fachhochschule.“

Aktives Zuhören der Mutter:
„Du freust dich, dass du heute die Infos bekommst, damit du dir für dein Studium an der FH Klarheit verschaffen kannst, nicht wahr?“
oder
„Du hast sicher ein gutes Gefühl, dass das Verbinden des Termins beim Orthopäden mit dem Tag der offenen Tür bei der FH für dich heute gut möglich ist.“
oder
„Mal nicht zur Schule gehen, ist auch mal ganz schön.“ (Sofern die Mutter damit das *wirkliche* Gefühl der Tochter spiegelt.)

Beispiel 2

Ein Kollege kommt zu uns und beklagt sich über einen Kunden: „Der Müller ist ein ganz unangenehmer Mensch. Gibt man ihm den kleinen Finger, verlangt er anschließend die ganze Hand.“ Wir beobachten, wie der Kollege bei seinen Worten förmlich in sich zusammenfällt und auf seinem Gesicht Falten entstehen.

Varianten und Motive unserer *unangemessenen* „Du“-Antwort könnten sein.:
„Kann ich dir eine Tasse Kaffee holen, sozusagen als Trost?“ (Motiv: Harmonie)

oder

„Oh, ja, Günter, das ist wirklich ein ganz schlimmer Finger, lass ihn einfach links liegen.“ (Motiv: Vermeidung)

oder

„Mein Gott siehst du schlecht aus, du Armer, werde *mir* ja nicht krank.“ (Motiv: Identifikation)

Varianten und Motive unserer *unangemessenen* „Ich“-Antwort könnten sein:

„Na, da scheinst du ja deinen Meister gefunden zu haben.“ (Motiv: Schadenfreude)

oder

„Oh ja, Günter, das ist wirklich ein ganz schlimmer Finger, gib ihm das nächst Mal Zunder, lass dir nichts gefallen.“ (Motiv: Anstiftung zum „Siegenmüssen“)

oder

„Kopf hoch, es wird schon wieder.“ (Motiv: Ignoranz)

Varianten des Spiegelns unseres „verstehenden Zuhörens“ könnten sein:

„Du fühlst dich schlecht, weil der Kunde dein Entgegenkommen ausnutzt?“

oder

„Wenn ich dich so höre und sehe, Günter, spüre ich, dass dich das Verhalten des Kunden Müller so richtig mitnimmt.“

oder

„Wieder dieser Müller?“ (begleitet von unserem mitfühlenden Blickkontakt)

Übung zum verstehenden Zuhören:

Wir bitten eine Person unseres Vertrauens, diese Übung mit uns zu machen. Wir erklären ihr, um was es beim „verstehenden Zuhören" geht. Anschließend bitten wir sie, für ca. 2 Minuten von einem schönen Erlebnis der Vergangenheit zu sprechen (Urlaub, Hobby, Familie o. Ä.). Wir hören verstehend zu und spiegeln dazu abschnittsweise unsere ganzheitlichen Wahrnehmungen. Parallel zu unserem Spiegeln notiert unser Gesprächspartner seine Eindrücke dazu auf nachstehendem Feedbackbogen. Nach 2 Minuten erhalten wir von unserem Gesprächspartner Feedback über seine gewonnenen Eindrücke.

Feedbackbogen „Verstehendes Zuhören"

- Wahrnehmungen zum Blickkontakt:

____

- Nonverbales „Mitgehen" (z. B. Gestik, Mimik, Kopfnicken, Lächeln)

____

Maß des Verstehens:

- Evtl. Verwendung von „Du"/„Ich"-Elementen wie Kommentare, Interpretationen, Diagnosen, Dogmen, Moralismen:

____

- Gelungenes Spiegeln von Gefühlen:

____

Fragen stellen

Das „Fragenstellen“ ergänzt das „verstehende Zuhören“ zur *„Wir“-Kommunikation*. Dass „Fragenstellen“ die nützlichste Form ist, den anderen zu verstehen, ist offenkundig. Dennoch ist das „Fragenstellen“ im Allgemeinen recht schwierig zu praktizieren.

Sind wir nicht in Situationen, in denen wir mit Mitmenschen kommunizieren, eher bereit, dem anderen unsere Sicht der Dinge mehrfach zu erklären, als einmal hinzugehen und zu fragen: „Sag mal, wie siehst du das eigentlich?“ Der Grund liegt darin, dass wir andere nur in dem Maße verstehen können, wie wir uns selbst verstehen. Weil wir uns das aber nicht eingestehen wollen und oftmals auch gar nicht können, versuchen wir, das durch Reden zu überspielen. Wenn zwei Menschen auf diese Weise miteinander kommunizieren, wird sicherlich viel gesprochen, doch gegenseitiges Verständnis wird so nicht erzeugt. Wenn wir uns nun entschlossen haben, den Weg ins „Wir“ zu gehen, unterstützt uns dabei kommunikativ vor allem das „verstehende Zuhören“ sowie empathisches Fragenstellen.

Für das „Fragenstellen“ unterscheiden wir grundsätzlich zwischen zwei Typen von Fragen: den offenen und den geschlossenen Fragen.

Offene Fragen beginnen mit „W“-Fragewörtern, z. B.: Was war los? Wie viele waren dabei? Wie geht das? Wozu soll das dienen?

Geschlossene Fragen beginnen klassischerweise mit einem Verb oder Hilfsverb, z. B.: Warst du wieder mit Peter zusammen? Gibst du nicht sehr viel Geld aus? Glaubst du denn selber, was du sagst?

Geschlossene Fragen gehören typischerweise zum „Du“/„Ich“-Repertoire, weil sie vom Fragensteller ausgehen und in irgendeiner Form eine Annahme beinhalten. Wird eine Kommunikation mit geschlossenen Fragen begonnen, wird sich deshalb kaum ein Vertrauensverhältnis aufbauen können.

In der „Wir“- Kommunikation spielen geschlossene Fragen trotzdem eine wichtige Rolle, dann nämlich, wenn der Befragte Vertrauen zum

Fragensteller hat und er die geschlossenen Fragen für die Selbstentdeckung als hilfreich empfindet.

Zum Aufbau eines Vertrauensverhältnisses in der Kommunikation ist es deshalb wichtig, in Gesprächen, bei denen es darum geht, den anderen zu verstehen, mit offenen Fragen zu beginnen. Die Frage, die den Raum am weitesten öffnet und es dem Befragten überlässt, wie viel er erzählen möchte, ist die „Was“-Frage.

Was war auf der Arbeit los? Was hast du vor?

Auf Antworten, die der Befragte gibt, „surft“ der Frager und stellt vertiefende Fragen:

Wie konnte das geschehen? Welche Maßnahmen wurden getroffen? Wo wurde das Paket denn abgeliefert?

Erzählt der Befragte und ist das Vertrauensverhältnis erst einmal hergestellt, können sehr wohl geschlossene Fragen hilfreich sein wie: Konntest du die Aufgabe lösen? Hat dich der Lehrer kritisiert? Endete das positiv?

Eine W-Frageform, die wie die geschlossenen Fragen ein Vertrauensverhältnis voraussetzt, ist die „Warum“-Frage. Wurden wir als Kind unvermittelt gefragt: „Warum hast du das getan?“, mochte das von Seiten der Mutter oder des Vaters gar nicht negativ beabsichtigt gewesen sein, wirkte aber so. Als Kind kamen wir sofort in eine Rechtfertigungshaltung und entwickelten ein Schuldgefühl. Die Langzeitwirkung davon ist, dass uns im späteren Leben eine unvermittelte „Warum“-Frage häufig allergisch reagieren lässt. Haben wir allerdings zu unserem Gesprächspartner Vertrauen, werden wir auf seine „Warum“-Frage durchaus bereitwillig antworten, um bei bestimmten Angelegenheiten mithilfe eines Partners einer Sache auf den Grund gehen zu können.

Die klassische Frage der „Wir“-Kommunikation ist die „Wozu“-Frage. Während „Warum?“ problemorientiert ist und, wie wir gesehen haben, zur Vertrauen abbauenden Rechtfertigung führen kann, ist die „Wozu“-Frage lösungsorientiert. Natürlich kommt es auch auf das „Wie“ der Fragestellung an. Wenn wir „Wozu?“ in herrischem Ton verwenden, wird es seine positive Wirkkraft nicht entfalten können. Wenden wir uns aber unserem Gesprächspartner in der Haltung des „verstehenden Zuhörens“ zu und fragen, wozu bestimmtes Verhalten gedient haben mag, dürften wir in der Regel eine aufschlussreiche Antwort erhalten. Schließlich tun wir im Leben nichts ohne Absicht. Wir geben unserem Gesprächspartner mit „Wozu?“ die Chance, den Sinn seines „Tuns“ in der Zukunft zu erklären. Das gibt ihm gleichzeitig die Chance, die seinem Handeln zugrunde liegenden Bedürfnissen zu verstehen.

Übung zum „Offene-Fragen-Stellen“ ergänzt mit „verstehendem Zuhören“:

Wir bitten eine Person unseres Vertrauens, diese Übung mit uns zu machen. Wir fragen sie, ob wir sie zu einem schönen Erlebnis der Vergangenheit befragen dürfen (Urlaub, Hobby, Familie o. Ä.). Unsere übungsgemäße Aufgabe ist es, bei der Befragung nur offene und keine geschlossenen Fragen zu stellen und Antworten mit „verstehendem Zuhören“ zu spiegeln.

Anschließend lassen wir uns von unserem Gesprächspartner ein Feedback geben und achten darauf, inwieweit es uns gelungen ist, nur offene Fragen zu stellen, und gleichzeitig auch über das (gelungene) Maß an „verstehendem Zuhören“.

Loslassen und Verzeihen

Der eigene Weg ins „Wir“ verläuft in eigenen Bahnen und es gibt keine einheitliche Musterlösung zu dessen Erreichen. Die Ausführungen und Übungen des Buches liefern Orientierungshilfen zum Beschreiten des Weges, doch gehen muss ihn letztlich jeder für sich in der ihm eigenen Geschwindigkeit.

In der Einleitung hatten wir auf die Rolle unserer Eltern hingewiesen. Jetzt schließt sich der Kreis. Auf dem Weg ins „Wir“ heilen wir die Verletzungen, die wir in der Kindheit erlitten haben. Gleichzeitig erhalten wir wieder Zugang zur Intuition und damit den Blick zur Verwirklichung unserer Vision. Irgendwann auf dem eigenen Weg ins „Wir“ können wir die Relativität unseres Lebens erkennen und einsehen, dass unser Leben *so sein musste*, wie es war. Unsere Eltern behandelten uns so, wie sie es am besten konnten. Sie gaben uns an Liebe, Zuwendung und Hilfen das mit, was sie selbst besaßen. Hätten Sie mehr besessen, sie hätten es uns gegeben.

Wenn wir uns auf unseren eigenen Weg ins „Wir“ begeben, haben wir die Verletzungen, die wir als Kind erlitten haben, als Aufgaben zu sehen. Zunächst mag es uns unmöglich erscheinen, diese Aufgaben zu lösen, zu groß erscheinen uns ihre Tragweite und Schwere. Sich jetzt aus der Opferhaltung herauszubegeben, wäre die erste große Lösung. Letztlich *fühlen* wir uns nur gelähmt, sind es aber nicht. Befinden wir uns dann auf dem eigenen Weg ins „Wir“, stellen wir fest, dass wir mehr und mehr loslassen, freier werden, dass die Lebensqualität zunehmend besser wird. Im Verlaufe dieses Prozesses werden wir immer mehr zu uns selbst finden, uns immer besser annehmen und uns selbst lieben können. Wir werden erkennen, dass wir in Handlungsmustern gefangen waren, die uns verhalten machten und uns handeln ließen, was wir uns immer wieder selbst nicht verzeihen konnten. Die Annahme unseres Weges als unser Schicksal macht uns frei von Schuld. Das, was wir als Kinder erlebten, war zwangsläufig und bildete keine Erblast, sondern Aufgaben, die wir zu lösen aufbekamen. Somit vermochten wir es nicht, uns unser daraus resultierendes Handeln zu verzeihen, weil uns die Einsicht in die Zwangsläufigkeit fehlte. Haben wir die Einsicht nun, können wir feststellen, dass unser Verhalten und Handeln, das wir uns selbst gegenüber für unverzeihlich hielten, irrtümlich passierte – und Irrtümer können korrigiert werden. Voraussetzung für unser authentisches Verhalten und Handeln in der Zukunft ist, dass wir uns alles frühere Verhalten und Handeln auf unserem bisherigen Weg selbst verzeihen.

Der Weg ins „Wir", der durchaus auch wieder rückwärts gehen kann, gleicht einem Kontinuum. Wenn es uns gelingt, uns selbst zu verzeihen, ist ein wichtiges Etappenziel erreicht, von dem aus es immer leichter und beschwingter sein wird, nach vorne zu gehen. Mit dem „Sich-selbst-Verzeihen" und dem Erkennen, dass es keine Schuld gibt, können wir nun das Verhalten und Handeln unserer Eltern in einem anderen Lichte sehen. Wir können die Zwangsläufigkeit auch ihres Handelns erkennen. Unsere Eltern erhielten durch ihre Eltern Aufgaben in Form von Verletzungen, die sie in dem Maße bewältigt haben, wie es ihnen möglich war. Das begründet wiederum die Aufgaben, die uns durch sie gestellt wurden. So können wir nun die Verantwortung für uns ganzheitlich annehmen. Damit gelingt es uns, unsere Eltern von Schuld freizusprechen und ihnen das, was sie uns an Verletzungen angetan haben, zu verzeihen. Indem wir das tun, können wir von ihnen das Wertvollste annehmen, was wir von ihnen empfangen konnten – das *Leben*.

Eine intensive Übung, mit der dieses Buch abschließt und sich Fortschritte auf dem Weg ins „Wir" erzielen lassen, sooft wir diese Übung durchführen, ist das Joining.

Joining, eine einzigartige Heilmethode von Lency Spezzano, ist eine Methode, sich mit einem anderen Menschen ganzheitlich zu verbinden, bis wir aus dessen Augen uns selbst anschauen sehen. Joining ist der Weg, sich einem anderen auf einer gleichen, horizontalen Basis zuzuwenden, mit der Bereitschaft, den anderen als uns selbst zu sehen. Bei diesem Vorgang des Joinings werden Leid, Trennung, Bedürftigkeit, Einsamkeit, Angst und andere negative Emotionen geheilt, indem sie energetisch über unser Körper-Seele-Geist-System nach oben gehoben werden, so dass sich Heilung auf immer höheren Ebenen ergibt. Die

Energie bewegt sich durch uns hindurch, bis das heilende Thema vollständig freigesetzt wird und wir nur noch Liebe empfinden. Auf diese Weise öffnet der Prozess des Joinings die Intuition, wodurch wir Verbindung mit dem universellen Geist erfahren.

Chuck und Lency Spezzano: Es muss einen besseren Weg geben

Durchführung:

Wir ziehen uns für ca. 30 Minuten mit unserem Joiningpartner an einen ungestörten Platz zurück und lassen Musik laufen, die zum Joiningprozess passt, z. B. die CD von Shina Noell, „Songs for the Inner Child".

Dann setzen wir uns unserem Partner gegenüber, halten so weit Abstand, dass die Knie nicht aneinanderstoßen. Wir setzen uns bequem auf den Stuhl und legen die Hände auf unsere Oberschenkel. Wir atmen ruhig und gleichmäßig, nehmen Blickkontakt zu unserem Partner auf. Wir halten den Blickkontakt für die gesamte Dauer des Joinings, lassen alles mit uns geschehen, was immer auch geschehen mag. Anschließend tauschen wir uns für ein paar Minuten über unsere Erfahrungen aus.

Mit dieser letzten Übung wünschen wir Ihnen viel Freude und viel Erfolg auf Ihrem Weg ins „Wir" zum glücklichen Leben in Beziehungen.

Die Web-Seite der Autoren: www.wege-ins-wir.eu

Weitere Bücher aus dem Verlag Via Nova:

Wo Engel gehen auf leisen Sohlen

Wie Sie Beziehungen erfolgreich und harmonisch gestalten können

2. Auflage

Chuck Spezzano

Hardcover, 304 Seiten, ISBN 978-3-86616-056-9

„Narren stürmen blind voran, wo Engel gehen auf leisen Sohlen." Unter diesen von dem britischen Schriftsteller Alexander Pope geprägten Satz stellt Chuck Spezzano sein neues Buch. Wieder einmal geht es um menschliche Beziehungen, und wieder einmal ist es dem weltbekannten Lehrer und Experten in der Kunst von Beziehungen hervorragend gelungen, seine neuesten Erkenntnisse auf unterhaltsame, spannende und zugleich unnachahmlich humorvolle Weise zu Papier zu bringen. In 101 abgeschlossenen Kapiteln zeigt er anhand zahlreicher „wahrer Begebenheiten" aus seinem eigenen Leben und praktischer Beispiele aus den unzähligen Seminaren, die er seit vielen Jahren auf der ganzen Welt leitet, in welche Beziehungsfallen Menschen tappen und wie sie sich schnell und erfolgreich daraus lösen können, um ihre Beziehungen zu einem wahren „Kunstwerk" zu gestalten. Der „neue Spezzano" zeigt einmal mehr richtungweisende psychologische und spirituelle Wege auf, die uns zu glücklichen Beziehungen und damit auch zu einem glücklicheren Leben führen können.

Wenn es verletzt, ist es keine Liebe

Die Essenz des Bestsellers
Hörbuch mit 3 CDs – gelesen von Werner Vogel

Chuck Spezzano

Hörbuch mit 3 CDs, ISBN 978-3-86616-066-8

Die Weisheit der Liebe, die der Verfasser des Bestsellers in jahrzehntelanger Forschungsarbeit als Psychotherapeut, als weltweit bekannter Seminarleiter, als visionärer Lebenslehrer und als Begründer der „Psychology of Vision" entdeckt und in klare Weisungen umgesetzt hat, verwandelt den Menschen und berührt sein wahres Wesen, das Liebe ist. Die wichtigsten Aussagen des Buches sind in dem Hörbuch zusammengestellt. Durch die nach jedem Abschnitt angebotenen Übungen kann das theoretisch Erkannte auch in den praktischen Alltag umgesetzt werden, dann wird das Hörbuch zu einem Wegbegleiter und Ratgeber in bedrängenden Beziehungsnöten. Eine begleitende spirituelle Musik führt noch stärker in die Tiefe und verstärkt die Wirkung der Übungen. So werden Sie Schritt für Schritt in die wichtigsten Grundprinzipien der Liebe eingeführt, reifen in Ihrer Selbsterkenntnis und können Ihre Beziehungen in Partnerschaft und Freundschaft neu ordnen, vertiefen und intensivieren.

50 Wege, die wahre Liebe zu finden

5. Auflage

Chuck Spezzano

Hardcover, 208 Seiten – ISBN 978-3-936486-10-0

Dieses Buch richtet sich an diejenigen, die auf der Suche nach ihrem wahren Partner sind. Aber auch an all jene, die ihren Partner bereits gefunden haben und Unterstützung auf dem eigenen Beziehungsweg suchen. Der Autor macht deutlich, dass es nicht damit getan ist, den richtigen Partner zu finden, es bedarf auch des Wunsches, mit diesem Partner zusammen glücklich zu werden. „Wenn du deinen Partner gefunden hast, geht die Reise erst richtig los!", so Chuck Spezzano. Aufgrund der universalen Gültigkeit der vorgestellten Beziehungs-Prinzipien lassen sich diese auch auf andere Lebensbereiche übertragen. Ob der Leser einen neuen Arbeitsplatz oder Unterstützung beim nächsten Schritt in seinem Leben sucht oder ob er sich allgemein mehr Erfolg, Glück und Gesundheit wünscht – immer wieder kann er dieses Buch zur Hand nehmen.

Räum dein Leben auf!

2. Auflage

100 % mehr Lebensfreude

Matt Galan Abend

Hardcover, 144 Seiten, 56 z.T. ganzseitige Zeichnungen,
ISBN 978-3-86616-060-6

Der Mensch ist eingeschlossen in ein Gefängnis aus Konditionierungen, wie „man" zu sein hat, was „man" tut, was „man" von ihm erwartet, was „man" von ihm denkt usw. Der Mensch „kämpft" um alles und jedes, um sein Ansehen, um sein Geld, um seine Gesundheit, seine Sicherheit, seinen Arbeitsplatz oder was auch immer. Leichtigkeit, Lebenslust und Lebensfreude bleiben dabei meist auf der Strecke. Wenn wir gründlich Hausputz halten, wenn wir uns aus dem Dickicht unserer Konditionierungen befreien, wenn wir endlich aufräumen und das berühmte „Man" aus unserem Leben verbannen, wenn wir die Sorge darum verlieren, wie andere über uns denken, wenn wir die Angst überwinden, unseren Partner, unseren Job oder gar unser Geld zu verlieren, wenn wir den Maßstab in uns selbst und nicht im Außen finden, kann dies so etwas wie unsere zweite Geburt sein. Aber diese Änderung kann immer nur von innen nach außen, und niemals von außen nach innen erfolgen. Die vielen künstlerischen Zeichnungen von Annette Kramer unterstützen die eindringlichen Aussagen des Buches.

Dein Seelenhaus

Ein direkter Weg mit der Seele zu sprechen

Peter Reiter

Hardcover, 200 Seiten, ISBN 978-3-86616-062-0

Spielerisch die eigene Seele erkunden, Vorzüge und Defizite seiner Persönlichkeit in wenigen Minuten erkennen lernen und dabei auch noch Spaß und Entdeckerfreude haben – geht das? Ja, mit der hier vorgestellten und neu entwickelten Methode von Dr. Peter Reiter ist dies einfach.
Nicht nur, dass Sie endlich wissen werden, welche Talente und Fähigkeiten in Ihnen schlummern, Sie erkennen in diesem Bild des Seelenhauses sofort, schnell und sicher Ihre Defizite oder Bereiche, die der Zuwendung, Entwicklung und Heilung bedürfen. Sie verändern mit dem Umbau des Seelenhauses auch Ihre Seelenmuster und von da ausgehend auch Ihre äußere Erscheinung und Ihr Verhalten zur Mitwelt. Dies funktioniert bei Ihnen selbst wie auch bei Ihren Freunden, Kindern, Partnern oder Klienten und Patienten – eine kurze Bildmeditation genügt, um das Innere zu erfassen. Es geschieht mühelos, nur über eine entsprechende Visualisation und Absicht, denn die Lebensenergie folgt den Gedanken oder Bildern.

Aus der Weisheit des Herzens leben

Eine praktische Anleitung für das innere Wachstum durch Liebe

Joyce und Barry Vissell

Paperback, 264 Seiten – ISBN 978-3-86616-025-5

Für viele Paare bedeutet eine Beziehung eine Welle frischverliebter Seligkeit, gefolgt von Schwierigkeiten und Enttäuschungen und schließlich einer Trennung. Mit 35 Jahren Ehe und 25 Jahren klinischer Erfahrung im Rücken haben die beiden Bestseller-Autoren Joyce und Barry Vissell Hunderten von Menschen dabei geholfen, diesen Zyklus fehlgeschlagener Beziehungen zu durchbrechen, indem sie ihnen zeigen, dass eine Beziehung eine Möglichkeit ist, als Individuum zu wachsen – sich tief nicht nur mit einem anderen Menschen zu verbinden, sondern auch mit seinem eigenen Herzen.
Sie werden lernen: wie Sie einen echten Lebensgefährten finden, die wichtigsten Zutaten zu jeder Beziehung, warum so viele Leute sich vor Intimität fürchten wie Sie Eifersucht, Kritik und Beschuldigen in Wachstum verwandeln können, warum „Nein"-Sagen ein fundamentaler Schritt ist, lieben zu lernen, wie Sie eine blockierte sexuelle Beziehung heilen können und vieles mehr.

Von der inneren Sehnsucht nach äußerem Wohlstand

Vom Umgang mit Geld aus der Sicht der Frau

Helga Mohrmann & Ilona Steinert

Hardcover, 128 Seiten
ISBN 978-3-86616-079-8

Die Autorinnen laden Sie in ihrem Buch zu einer geistigen Reise ein, um die innere Sehnsucht nach äußerem Wohlstand und Reichtum bewusst anzunehmen und zu verwirklichen. Durch Reflexionen, praktische Anleitungen zur Selbsterforschung sowie konkrete Fallbeispiele und Visualisierungsübungen aus ihrer Erfahrung regen sie die Leser an, sich selbst, ihre Fähigkeiten und Probleme zu erforschen, ihren Umgang mit Geld selbstverantwortlich, wacher, bewusster und sensibler zu gestalten, sich von Vorurteilen, äußeren und inneren Zwängen zu befreien, die Realitäten zu erkennen und zu berücksichtigen, aus diesem Wissen Mut, Kraft und Freude zu schöpfen und dadurch reicher und glücklicher zu werden.

Das Buch gibt konkrete Hinweise zur Einrichtung und Führung von Geldkonten, wie man mit Ängsten, Neid, Eifersucht in sich und bei anderen umgeht und Probleme des Bittens und Schenkens, des Nehmens und Gebens lösen kann. Aus einer lebensbejahenden Grundhaltung heraus wird Geld positiv gesehen als Mittel zur eigenen Selbstverwirklichung und zur Verbesserung der mitmenschlichen Verhältnisse.

In der Fülle leben

Tore zur Erfahrung des großen Mysteriums

Hanspeter Ruch

Hardcover, 144 Seiten
ISBN 978-3-86616-085-9

In diesem Buch gibt der Autor, Psychologe und Psychotherapeut wertvolle Anregungen, wie wir das Bewusstsein erforschen und uns für das große Mysterium, das Sein, öffnen können. In einführenden Texten zeigt er die Zusammenhänge zwischen der Funktionsweise des denkenden Geistes und des Ich auf. Wenn wir positive Qualitäten wie Achtsamkeit, innere Kraft, Vertrauen, Mitgefühl und Offenheit fördern, können wir loslassen und innerlich Raum gewinnen. Der denkende Geist, der bisher im Zentrum stand und unser Fühlen, Denken und Handeln geprägt hat, verliert an Macht und Einfluss. Wenn wir uns auf die innere Quelle, unser Sein, beziehen und uns von dessen Weisheit leiten lassen, erfährt unser Dasein einen tiefgreifenden Wandel. Alltägliche Erfahrungen können wir nutzen, uns selber zu erkennen, uns anzunehmen und mit dem Leben Freundschaft zu schließen.

Dieses zentrale Anliegen des Autors, der selbst als Psychologe mit eigener Praxis Meditationsgruppen und Fortbildungskurse leitet, wird in diesem Buch deutlich und eindringlich dargelegt.

Anders von Gott reden

Willigis Jäger

Hardcover, 120 Seiten, 21 farbige Zenbilder, ISBN 978-3-86616-061-3

Der charismatische Benediktinermönch und Zen-Meister Willigis Jäger interpretiert in seinem Buch „Anders von Gott reden" biblische Texte, Ereignisse und Personen in einer neuen, ungewohnten Sichtweise als symbolische Darstellungen einer kosmisch-göttlichen Botschaft, die Evolution des Seins und des Lebens, den Menschen und die Natur als Manifestationen Gottes: Gott ist für ihn das Urprinzip, die Urkraft, die sich in jedem Augenblick ereignet, seine Schöpfung ist sein Tanz, der Mensch ein Tanzschritt, eine Welle im Meer des Göttlichen. Die christliche Botschaft wird erweitert und vertieft, christliche Feste wie Weihnachten, Erscheinung des Herrn, Ostern, Maria Himmelfahrt, auch Begriffe wie „Reich Gottes" und „Leid" erhalten durch seine Deutung und Erklärung eine mystisch-spirituelle Dimension, werden als Möglichkeiten zur Wiedergeburt, Auferstehung und Erfahrung des Göttlichen im Menschen gesehen und dargelegt. Wer auf der Suche nach einem tieferen und ganzheitlichen Verständnis seines Christseins ist, für den ist dieses Buch eine Offenbarung. Seine Denkanstöße, seine klare, eindringliche Sprache faszinieren und überzeugen.

Das Geheimnis der richtigen Schwingung

2. Auflage

Anleitung für ein wunder-volles Leben

Jill Möbius

Hardcover, 232 Seiten – ISBN 978-3-86616-000-2

Alles, so die Autorin, ist eine Frage von Schwingung und Resonanz. Auf fundierte und leicht verständliche Weise vermittelt dieses Buch, wie das Resonanzprinzip als grundlegendes Gesetz unsere Realität, unseren Körper und unser Schicksal prägt – und wie wir dieses Wissen spielerisch nutzen können, um ein erfülltes und erfolgreiches Leben zu gestalten: Wie es wirkungsvoll gelingt, die Realität im Voraus so zu programmieren, dass sich Wünsche erfüllen und sogar Wunder möglich werden; wie man effektive, kraftvolle Wege der Selbstheilung nutzt, um Gesundheit, Jugendlichkeit und Vitalität zu steigern; wie man inneren Frieden findet und es schafft, in jeder Situation in sich selbst zu ruhen; wie man seine Schöpferkraft wirksam einsetzt, um eine friedvolle globale Zukunft mit zu erschaffen. Viele wirkungsvolle Übungen ermöglichen die direkte Umsetzung der Erkenntnisse im Alltag. Ein unterhaltsames, praxisnahes Handbuch zur Steigerung des Bewusstseins, der Lebensfreude und Lebensqualität.

Reifejahre

Lebensfreude und Sinnfindung

Prof. Manfred Stöhr

Paperback, 240 Seiten, mit 50 Fotos
ISBN 978-3-86616-076-7

Dieses Buch gibt vor allem älteren Menschen umfangreiche Informationen zu ihrer Lebenswirklichkeit. Es regt sie an, über sich und ihre Situation nachzudenken, sich selbst und ihr Alter anzunehmen und ihr Leben selbstbewusst und möglichst eigenständig zu gestalten. Der Autor zeigt vielfältige Möglichkeiten sinnvoller Betätigung und Beispiele geglückten Altwerdens auf, aber auch Gefahren, die das Alter belasten. Das Buch regt die Leser an, ihre Neigungen, Fähigkeiten und Möglichkeiten zu erproben und zu nutzen, auch gegen heutige Modetrends nach ihrem Gewissen zu leben, ihre Lebensziele zu verwirklichen, Sterben und Tod anzunehmen und nicht zu fürchten. Der Autor bezieht sich in seinen Aussagen über das Alter auf Philosophen, Religionsgründer und Schriftsteller von der Antike bis zur Gegenwart, bietet damit einen reichen Erfahrungsschatz, der dem Leser Mut und Gelassenheit schenken kann.

Der Traumwanderer

Eddie Kramer und das Buch der Träume

Edition Spirituelle Romane

Richard Wilder

Paperback, 384 Seiten – ISBN 978-3-86616-003-3

Als der dreizehnjährige Eddie Kramer aus San Fransisco einem alten Flohmarkthändler ein ungewöhnliches, antikes Kartenspiel abkauft, beginnt das größte Abenteuer seines Lebens. Von nun an bestimmt eine Kette unglaublicher Ereignisse sein Dasein. Eddie entdeckt eine Straße, die für die meisten Menschen nicht sichtbar ist, aber dennoch existiert. Hier verfolgen außergewöhnliche Menschen ein gemeinsames Ziel: Die Suche nach dem seit Jahrtausenden verschollenen Buch der Träume. Das darin enthaltene Wissen soll es jedem Menschen ermöglichen, seine Lebensträume zu Realität werden zu lassen. Nur eine auserwählte Person – Eddie Kramer – kann zu einer vorbestimmten Zeit das Buch von seinem geheimen Ort holen, um es den Menschen zu bringen. Unterstützt durch magische Gegenstände und begleitet von seinen neuen Freunden macht sich Eddie auf die Suche. Den Gefährten steht eine gefährliche Reise bevor. Eddies abenteuerliche Jagd führt ihn zu den Hopi-Indianern und bis in das geheimnisvolle Hochland von Tibet nach Shambhala, wo mystische Legenden zu Realität werden. Ein spirituelles und abenteuerliches Lesevergnügen für Erwachsene und Jugendliche.